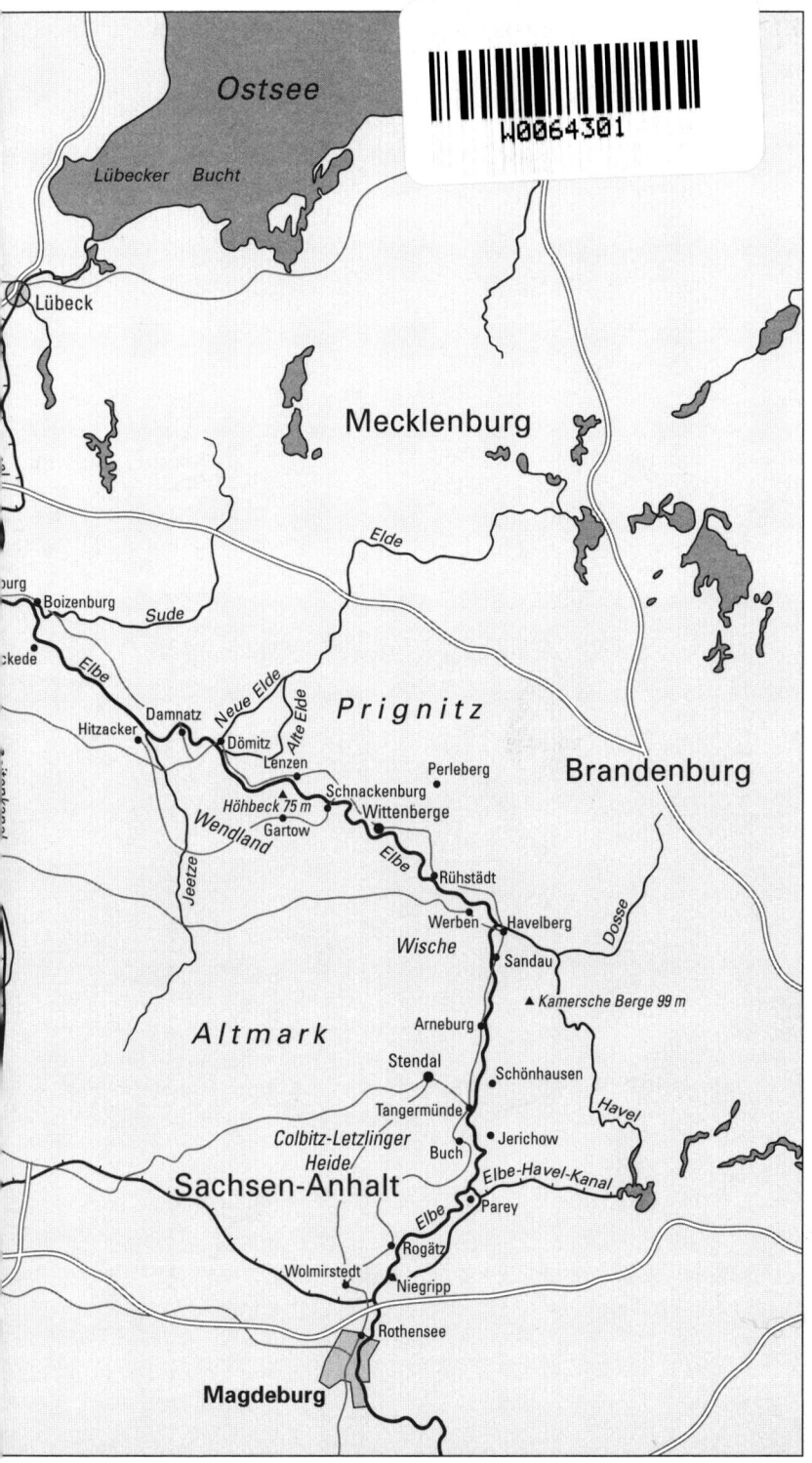

Karen Nölle-Fischer

Die Elbe

Ein literarischer Reisebegleiter
von der Mündung bis zum
Riesengebirge

Klett-Cotta

→ Inhalt

Vorwort
Eine Reise gegen den Strom 7

Vor der Mündung
Die Außenelbe 12

Am Gezeitenstrom
Die Niederelbe von Cuxhaven bis Wedel 29

„Stadt Hamburg an der Elbe Auen"
Wo der Welthafen das Flußbild bestimmt 47

„Gehend also durch klein-große Unscheinbarkeit"
Die Reise von Hamburg nach Tangermünde 64

Regsamkeit von alters her
Die Mittelelbe von Magdeburg bis Wittenberg 89

Landschaftswechsel, Tempowechsel
Vom Norddeutschen Tiefland in die Sächsischen Weinberge 111

„Auferstanden aus Ruinen"
Elbestadt Dresden 138

Auf dem Inspirationspfad der Romantiker
Von der Sächsischen Schweiz bis in den Garten Böhmens 159

Der junge Fluß
Von Mittelböhmen bis ins Riesengebirge 183

Literaturverzeichnis und Quellennachweis 196

Vorwort

Die Auenwälder der Mittelelbe

Flüsse fließen, trennen, verbinden. Wer am Ufer steht oder von einer Brücke ins Wasser guckt, spuckt, kann kaum umhin, mit der Strömung flußab zu träumen, den Blick flußauf bis zur nächsten Biegung wandern zu lassen, dem Ursprung entgegen. Wie breit muß ein Fluß sein, daß hüben und drüben ein deutlich anderer Alltag oder gar ganz unterschiedliche Lebenswelten entstehen? Die Elbe ist bis weit ins Land hinein so breit, daß sie eine Wetterscheide bildet. Gewitter, die auf einer Seite niedergehen, bleiben wenige hundert Meter weiter ein fernes Schauspiel, von der Terrasse zu genießen, ohne daß der Kuchen verregnet. Städte liegen auf der einen oder der anderen Seite. Erst in Dresden fließt die Elbe plötzlich mitten in der Stadt, und man muß noch viel weiter flußauf, fast bis ins Riesengebirge, um sie als Wässerchen zu erleben, das die Ufer nicht mehr scheidet, sondern in der Landschaft liegt, eingebettet als ein Element unter vielen.

Bis weit elbaufwärts gilt: wo keine Städte sind, führen auch keine Brücken über den Fluß. Wer auf die andere Seite will, muß Umwege in Kauf nehmen oder Wartezeiten. Noch heute setzen viele Leute täglich mit den kleinen Fähren über, um zur Arbeit zu kommen. Die letzte große Autoverbindung vor dem Meer – diesmal unter der Elbe durch – bildet der Neue Elbtunnel in Hamburg fast hundert Kilometer vor der Mündung. Westlich davon ist alles auf eine Fähre angewiesen. Sie verkehrt halbstündlich zwischen Glückstadt und Wischhafen und ist selbst eine knappe halbe Stunde unterwegs – eine kleine Schiffsreise.

Als Wasserstraße jedoch ist die Elbe nicht nur von alters her ein bedeutender Handelsweg, sondern auch ein Verbindungsweg. Man fühlt sich flußauf, flußab verbunden. Hamburg macht sich Dresden zur Bruderstadt und pflegt das Band, weil beide Städte an der Elbe liegen. Das Geschehen in anderen Orten am Fluß weckt offenbar eine natürliche Neugier. Häfen sind Umschlagplätze auch für Neuigkeiten und Geschichten. Wer viel hört, kommt auf Ideen. Früher, als man nicht einfach ins Auto stieg und in alle Himmelsrichtungen brauste, bot es sich bei Fernweh an, die Wasserstraße zu nehmen. Eine Orientierungslinie ist der Fluß geblieben. An der Elbe allerdings hat die undurchlässige DDR-Grenze von 1945 bis 1990 auch der Phantasie eine Schranke vorgeschoben. Nicht nur von Lauenburg bis Schnackenburg auf der einen oder Boizenburg bis Lütkenwisch auf der anderen Seite, wo die Grenze in der Flußmitte die Ufer unüberbrückbar voneinander trennte, sondern auch stromauf- und -abwärts waren die Verbindungen so gründlich gekappt, daß man im Westen kaum mehr eine Vorstellung von den Landstrichen hatte, durch die der Fluß bis zur Grenze geflossen war. Sachsen war weiter weg als Tschechien heute.

Anlieger desselben Flusses zu sein bedeutete einige Jahrzehnte im wesentlichen, zähneknirschend den Dreck zu schlucken, der von weiter flußaufwärts heranströmte, aus der DDR und der Tschechoslowakei, die ihrerseits die Lösung ihrer Probleme „nach vorn", also flußabwärts verlagerten. Kaum waren die Grenzen 1990 wieder durchlässig, wurden Projekte entworfen, bei denen die Flußanlieger an einem gemeinsamen Strang zu ziehen begannen. So finanziert Hamburg bei Ústí (vormals Aussig) eine Quecksilberfilteranlage, von der nicht zuletzt zehn ostdeutsche Städte profitieren, in denen nach wie vor aufbereitetes Elbwasser als Trinkwasser aus der Leitung kommt. Und der Otto Versand, ebenfalls mit Sitz in Hamburg, schießt als Sponsor große Geldbeträge in Umweltprojekte am Fluß. Man ist eben auch auf praktischer Ebene verbunden.

Ich bin in Hamburg geboren und kenne die Elbe als den weiten Strom, dessen Flußrichtung sich mit Ebbe und Flut umkehrt, eine Schiffahrtsstraße, auf der die Ozeanriesen aus allen Weltmeeren verkehren, die, vielleicht auch wegen des fehlenden Hinterlands, eher in die Welt hinausweist als ins Binnenland. Deshalb soll diese literarische Reise von der Mündung in das Land hineinführen, aus dem der Fluß kommt, eine Entdeckungsreise bis zur Quelle im Riesengebirge sein. Gegen den Strom. Der Ordnung halber jedoch – und weil Lexikoneinträge aus dem

19. Jahrhundert ein Genuß zu lesen sein können – hier zu Beginn ein Eindruck vom andern Ende her. In *Brockhaus' Conversations-Lexikon* von 1877 schwärmt der Verfasser:

Elbe, bei den Römern Albis, böhm. Labe genannt, einer der Hauptflüsse Deutschlands, entspringt in Böhmen nahe der schles. Grenze im 50.° 46.′ nördl. Br. und 33.° 12.′ östl. L., im höchsten Theile des Riesengebirgs, 1400 Mt. über dem Meere, aus einer Menge Wasseradern, Seifen oder Fleßen genannt, die auf der Elb-, Mädel-, Teufels- und Weißen Wiese zahlreiche Brunnen, darunter den Elbbrunnen, bilden und sich zu den beiden starken Bächen, dem Weißwasser und dem Elbebach oder Elbeseifen, vereinigen. Noch bevor sich diese beiden letztern vereinigen, fällt der Elbeseifen von dem Rücken des Hochgebirgs 75 Mt. hoch im Elbfall in den tiefeingeschnittenen, wildromantischen Elbgrund, der sich in eine Menge Gründe (die Siebengründe) theilt. Hier mit dem Weißwasser und andern kleinen Gewässern vereinigt, durchströmt nun die E. als wilder Gebirgsstrom das stellenweise sehr eingeengte Elbthal. Nachdem sie über Josephstadt und Königgrätz (201,4 Mt. hoch) geflossen und, durch die Adler und Iser verstärkt, bei Melnik (158 Mt. hoch, 125 Mt. breit) die Moldau, den zweiten, um 145 Kilom. längeren Quellfluß und die eigentliche Flußader Böhmens, dann bei Leitmeritz (in 145 Mt. Höhe) die Eger aufgenommen, durchbricht sie zwischen Lobositz und Tetschen in 130 Mt. Höhe das böhm. Mittelgebirge und ebenso, nachdem sie oberhalb Hernskretschen aus Böhmen in Sachsen eingetreten, auf der Strecke bis Pirna (113 Mt. hoch) das Elbsandsteingebirge der sog. Sächsischen Schweiz, durchfließt sodann die schöne Thalweitung von Dresden (105 Mt. hoch), die bei Meißen wieder geschlossen ist, und tritt nach ihrem dortigen letzten Durchbruche als ein mächtiger, bereits mehr als 150 Mt. breiter, im Stromstrich selbst im Sommer 2,2 bis 3,3 Mt. tiefer Strom in das norddeutsche Flachland ein.

Dieses norddeutsche Flachland beginnt südlich von Torgau bei Riesa, mehr als 500 Kilometer vor der Mündung, auf einer Höhe von 86 Metern über dem Meeresspiegel. Von da an vermindert sich das Gefälle der Elbe von zunächst etwa zwei Metern auf zehn Kilometer allmählich, bis es zwischen Lauenburg und Hamburg 0,69 Meter und zwischen Hamburg und Glückstadt nur mehr 0,21 Meter auf zehn Kilometer beträgt. 940 Kilometer der Elbe sind schiffbar, bis weit ins Böhmische hinein. Die Länge des Flusses wird gemeinhin mit 1165 Kilometer angegeben. Von der Nordsee bis zum Hamburger Hafen ist die Elbe die meistbefahrene Schiffahrtsstraße der Welt. Vor Brunsbüttel, knapp jenseits des Eingangs zum Nordostseekanal, öffnet sich der Mündungstrichter, bis die beiden Ufer, wo die Küsten abknicken – an der Südseite bei Cuxhaven, im Norden bei Friedrichskoog – 15 Kilometer weit auseinanderklaffen.

Hier, wo der Fluß in die Nordsee eingeht, sind wir am Ausgangspunkt unserer Reise.

Vor der Mündung

Windverwehte Gänsewiese im Sommer – im Herbst liegt der Außendeich häufig
schon unter Wasser

Bei Cuxhaven ist die Elbe noch nicht zu Ende. Der Fluß läßt sich noch weit in die Nordsee hinaus verfolgen, denn vor der Küste liegt das Wattenmeer. Das flache Land bricht nicht abrupt zur See hin ab. Noch eine ganze Weile setzt sich das sanfte Gefälle fort, der Meeresboden senkt sich allmählich. Schlagen bei Flut die Wellen über die Strände und an die Deiche wie bei jedem ordentlichen Meer, so zieht sich das Wasser bei Ebbe kilometerweit zurück und hinterläßt eine weite Schlicklandschaft, durchzogen von Wasserprielen und geriffelten Sandbänken, belebt von Vögeln, Robben oder zumindest von Wattwürmern, deren geschlängelte Häuflein den Boden auf Schritt und Tritt verzieren.

Bei Ebbe also fließt die Elbe, die hier Außenelbe heißt, breit durchs Watt, im Abstand vorbei an der Insel Neuwerk mit dem weithin sichtbaren, uralten Befestigungsturm und der Sandinsel Scharhörn, hinter der die Nordsee endgültig beginnt. Am Nordufer zieht sich der Große Vogelsand hin, heute mit einem Leuchtturm versehen, wegen seiner gefährlichen Untiefen bei Flut und der großen Treibsandflächen bei Seefahrern berüchtigt. Früher ragte dort Wrack an Wrack aus dem Sand, zu sehen sind derzeit noch die 1962 gestrandeten Frachter Ondo und Fides. Das letzte Land bildet, vom Großen Vogelsand durch den Nordlauf der Elbe getrennt, die Sandinsel Trischen, die zur Schutzzone 1 des Nationalparks Wattenmeer gehört, streng reserviert für Robben und Vögel.

Und wer seine Elbe auch dann noch nicht missen mag, kann noch 35 Kilometer weit in die Deutsche Bucht hinaus verfolgen, wie sich das graubraune Flußwasser mit dem Grün der Nordsee vermischt.

Zur Küste hin dehnt sich die Wattlandschaft, eine ebene naßglänzende Fläche, über der die wenigen markanten Erhebungen überlebensgroß aufragen und in manchen Wetterlagen fast wie Trugbilder schimmern – die Sanddünen von Trischen etwa, der Turm von Neuwerk, selbst die Leuchtfeuer und -türme, die die früheren Wahrzeichen der Elbeeinfahrt, die bemannten Feuerschiffe Elbe 1, Elbe 2 und Elbe 3, ersetzt haben. Hier wechselt die Stimmung nicht nur mit jeder Tide, auch die einzelnen Phasen von Ebbe und Flut haben, wiederum nach Wind und Wetter verschieden, ihre je eigenen Charakteristiken. In der Stauzeit kurz vorm Umschlagen der Tide kann es scheinen, als hielte die Welt den Atem an.

Wenn es hier weht, dann tüchtig. Winde erreichen ungehindert mit voller Wucht die Küste, peitschen an den Strand. Man sieht es den Baumgruppen an, wie sie vom Wind gebeutelt werden. Nach Westen zu sind die Äste verkrüppelt, die Bäume klein, in ihrem Schutz wächst die nächste Reihe höher, und an der windstillen Ostseite breitet sich das Blattwerk genüßlich aus. Wellen donnern über die Sande, tragen Land ab, schwemmen es anderswo wieder an. Im Herbst und Winter toben die Stürme, ohne deren Sauerstoffkuren die Nordsee längst im Schmutz erstickt wäre. Die Stürme bringen Hochwasser mit – in manchen Wintern selten, in anderen wurde das Land bis hinauf nach Hamburg früher mehr als fünfzigmal überflutet.

Den jährlichen Überschwemmungen verdankt das Marschland – das flache, heute hinter Deichen geschützte Land – die Fruchtbarkeit des schweren schlickigen Bodens, aus dem die Marschbauern großen Wohlstand schöpften. Bis um die letzte Jahrtausendwende waren die Marschen selbst nicht besiedelt. Die frühen Bewohner des Mündungsgebietes bauten ihre Siedlungen auf der Geest, den sandigen Hügeln – in Norddeutschland sagen wir Berge – an beiden Rändern des Urstromtales. Um die erste Jahrtausendwende entstanden Gehöfte in der Marsch; für die Häuser schüttete man künstliche Erhebungen auf, die Wurten, die bei Sturmflut wie Inseln aus den Wassermassen ragten – wie heute noch die Halligen im Wattenmeer. Deiche wurden gezogen: zunächst Sommerdeiche, später ausgeklügelte Systeme aus Haupt- und Vordeichen, die das Land rund ums Jahr vor Überflutungen schützen sollten, die Nebenflüsse einbezogen und nach und nach verhinderten, daß die Marsch sich erneuerte, so daß sie heute genauso wie die einst viel magerere Geest auf Düngung angewiesen ist und das Wohlstandsgefälle zwischen reichen Marschbauern und eher zerlumpten, armen Geestbauern in diesem Jahrhundert vollständig verschwunden ist. In den Geschichten der Region lebt der Gegensatz noch fort; die Leute von der Geest gelten als armselig oder, wenn sie reüssieren, als wendig, raffiniert, schlitzohrig, während die Marschbauern behäbige Herren im Vollgefühl ihrer (natürlich oft nicht gerade gerecht ausgeübten) Macht mit starken schönen Frauen und wohlgewachsenen blonden Kindern sind.

Die großen Sturmfluten haben sich tief in das Gedächtnis der Bevölkerung eingeprägt. In vielen Orten findet man an Mauern Hochwassermarken mit Jahreszahlen, beispielsweise von der größten Flut des 18. Jahrhunderts, der verheerenden Weihnachtsflut von 1717, bei der 11 500 Menschen an der Nordseeküste ihr Leben ließen und, als acht Wochen später das Eis kam, unzählige Häuser zerstört wurden, oder von einer der letzten großen Fluten, die im 20. Jahrhundert mehrere hundert Menschenopfer gefordert hat, der Sturmflut vom Februar 1962, anläßlich derer Helmut Schmidt mit seinen strategischen Fähigkeiten bei der Leitung der Rettungsmaßnahmen so beeindruckte, daß einer großen politischen Karriere der Weg geebnet war. Diese Sturmflut war das erste große Unwetter, das ich bewußt in Deutschland miterlebt habe. Ich erinnere mich noch genau, wie mein Bruder und ich, damals Kinder von elf und zwölf, nachmittags in der Nachbarschaft herumtrabten, lustlos mit den Stiefeln an schmutziggrauen, verharschten Schneebergen vor den Laternen bohrten und mit einemmal von dem Gefühl überfallen wurden, daß etwas Außerordentliches geschah. Kräftige Böen trieben hagelharte Schneeflocken vor sich her, und der Himmel war – wir haben es uns immer wieder staunend versichert – nicht einfach düster grau, sondern grünlich, richtig unheimlich. Ein gewaltiger Auftakt zu dem grausigen Unwetter, das weite Landstriche von Norddeutschland unter Wasser setzte.

Damals lief die Flut auf 5,7 Meter über Normalnull auf. Bei den folgenden umfangreichen Maßnahmen zum Küstenschutz wurden die Landesschutzdeiche entlang der gesamten Niederelbe auf 8,7 Meter erhöht. Dadurch ist das Land hinter den Deichen vom Fluß her und der Fluß vom Land kaum noch zu sehen. Man hat sich für die saubere Trennung von Fluß und Land entschieden – zwischen hohen Wällen führt eine in der Fahrrinne 13,5 Meter tiefe Schiffahrtsstraße bis nach Hamburg. Bei Sturmflut wird das Wasser wie durch einen Trichter Richtung Hamburg gepreßt – die Hochwasser steigen wesentlich höher als früher, als das Wasser sich weit über die Marschlande ergoß, wenn die Elbe es nicht mehr halten konnte.

Seit etwa tausend Jahren sind die Menschen an der Elbmündung dabei, der Nordsee Land abzuringen und nutzbar zu machen. Ein jüngeres Beispiel für Landgewinnung dieser Art ist das Gelände des Windenergieparks Westküste auf dem Kaiser-Wilhelm-Koog an der Nordseite des Mündungstrichters. Wer heute von Cuxhaven über das Wasser schauend das jenseitige Ufer sucht, erblickt nicht mehr den schlanken Kirchturm von Marne, sondern Hunderte von kreisenden Windrädern am Horizont.

Wie gewaltig die Nordsee ungeschütztes Land verändert, läßt sich an Trischen zeigen. 1854 meldeten Fischer und Seeleute, daß die Dithmarschen vorgelagerte Düneninsel Buschsand plötzlich grüne Landflecken aufwies. Im Schutz der Dünen abgelagerter Schlick verfestigte sich zu grünem Boden. Der Domänenrat in Marne schickte nun jeden Sommer Arbeiter auf die Insel, es wurden flache Gräben ausgehoben, in denen sich weiterer Schlick anlagern konnte, so daß die Landfläche sich allmählich vergrößerte. 1895 war Trischen 103 Hektar groß. Man begann sich Gedanken über die wirtschaftliche Nutzung zu machen. Der Schäfer Theodor Frenssen war der erste Pächter des Neulandes. Er lebte in einer Blockhütte auf den Dünen und ließ seine 200 Schafe auf dem neugewonnenen Marschland weiden. Sein Bruder Gustav Frenssen aus Barlt auf dem Dithmarscher Festland, ein heute vergessener, zu Lebzeiten außerordentlich beliebter

Schriftsteller des frühen 20. Jahrhunderts, dem es in seinen Werken um die Lebensbedingungen der Menschen seiner Region geht, verlegt einen Teil der Handlung seines Romans *Die drei Getreuen* (1898) auf die Insel, die bei ihm Flackelholm heißt:

Draußen aber, weit draußen im Watt, vier Stunden weit, hatte sich am Rand der Brandung eine lange weiße Dünenkette erhoben, immer höher; und im Schutz dieser Dünen, nach dem festen Land zu, hatte sich ein weites grünes Maifeld gebildet. Flackelholm nennt man diese Insel. Sie ist wenig bekannt, weil sie neu ist, ganz vereinzelt liegt und wegen der Watten und der Brandung sehr schwer zu erreichen ist. Es gibt Karten, die sie nicht verzeichnen, und es gibt Aufsätze über die Halligen, welche sie nicht kennen. Und doch ist sie auch eine Hallig, und zwar versunken gewesener, aber wieder aufgestiegener Rest der cimbrischen Marsch. Und wie es jetzt scheint, ist sie von allen Halligen die, welche die größte Zukunft hat; denn die anderen müssen geschützt werden, damit sie nicht vom Meer gefressen werden. Sie bekommen einen Steindamm, an dem das Meer sich die Zähne zerbeißt. Flackelholm aber wächst von selbst und dehnt sich von Jahr zu Jahr. Vor ihm hat sich das Meer selbst einen Wall, eine Grenze aufgebaut, eine lange, hohe Mauer von weißem Sand.

Von der Not der kleinen Leute bewegt, die Sehnsucht auf mehr Land zu richten, auf dem Menschen ihr Auskommen finden können, läßt Frenssen in seinem Roman Flackelholm blühen und wachsen. Am Schluß steht die Vision eines von einem Ringdeich umschlossenen, mit dem Festland verwachsenen Neulandes mit vielen neuen Höfen: Landgewinnung als Ausweg aus dem sozialen Elend, das zahlreiche Bewohner Dithmarschens seinerzeit nach Amerika trieb.

[Da] stand Franz Strandiger, die Büchse über der Schulter und einige geschossene Enten in der Hand, auf der höchsten Düne von Flackelholm und schaute nach Büsen hinüber, dessen Häuser im hellen Sonnenlicht deutlich zu sehen waren. [...]

Das Maifeld der Insel war von natürlichen Wasserläufen und künstlichen Gräben durchzogen; weit hinaus, soweit ein Schimmer von grünem Grase da war, dehnten sich Gräben und Erdwälle, und noch weiter, Hunderte von Metern ins Watt hinein, streckten starke Buschdämme ihre geraden Arme aus, den Schlick festzuhalten, der schon lag, und den andern zu fangen, der noch mit dem flutenden Wasser trieb. Die lange Dünenkette, der Insel Bollwerk, war durch Draht eingefriedet, daß kein Tier darüber lief, den Strandhafer wegfraß und die Buhnen zertrat, welche den wehenden Sand aufhielten. Auf dem Maifeld aber, zwischen all den Gräben, über welche hier und da hölzerne Brücken liefen, weideten sechshundert Schafe, über tausend Gänse, zehn Stück Jungvieh, einige Kühe und zwei starke Pferde. Unten am Fuß des Deichs ließen kleine Kinder schräg über den Wasserlauf Segelboote laufen, Kinder des Schäfers und des Arbeiters, die in dem steinernen Nebenhause wohnten.

Wenn es nach Strandiger/Frenssen ginge, würden in ein, zwei Generationen zwischen der Insel und dem Land „ein Weizenfeld neben dem andern, ein Hof neben dem andern liegen".

Es sollte anders kommen. Zwar wurden 1897 in der Tat ein Steinhaus und Stallungen errichtet und mit einem Ringwall vor den Winterfluten geschützt, doch die Nordsee durchbrach immer wieder den Dünengürtel und bedeckte das Grün mit Sand. Um die Jahrhundertwende war das nutzbare Marschland wieder auf knappe 20 Hektar geschrumpft. Man bemühte sich, die Entwicklung mit den oben beschriebenen Landgewinnungsmaßnahmen wieder umzukehren. Es gelang. 1918 bildete der Dünengürtel, an der höchsten Stelle sieben Meter hoch, eine geschlossene drei Kilometer lange Kette, das Marschland war auf etwa 990 Hektar angewachsen. 1922/23 ließ ein Privatmann 80 Hektar direkt am Dünengürtel mit einem Schutzdeich versehen, taufte das befestigte Gebiet Marienkoog und ließ darauf ein stattliches Wohnhaus errichten – mit unverbaubarer Aussicht übers Meer. Drumherum gruppierten sich weitere Häuser. Trischen war eine besiedelte Insel, von 1927 an von Altona gepachtet, das sommers Großstadtkinder zur Erholung schickte. Die Nordsee nagte weiter an der Westküste. Man befestigte sie mit Buhnen, Steinpackungen, Eisenkonstruktionen. Die Deiche wurden erhöht. Mitte der dreißiger Jahre galt Trischen als die am besten gesicherte Insel der deutschen Nordseeküste. Dann verkleinerten im Oktober 1936 heftige Sturmfluten das Land. Im Winter 40/41 brach bei einer Flut der Ringdeich. Ein trotz Kriegsnot errichteter Notdeich wurde 1942 zerschlagen, Ostern 1943 brach die See in den letzten Schutzdeich ein, überdeckte das Marschland mit Sand und riß einen Priel quer durch die Weiden auf dem Vorland. Die Bauern – eine Familie Dreeßen – entschlossen sich schweren Herzens, ihren Hof abzureißen und Stein für Stein, Brett für Brett auf das Festland zu retten. Am 15. November 1943 verließen sie die Insel – die heute als Vogelschutzgebiet im Nationalpark Schleswig-Holsteinisches Wattenmeer dient, auf der Karte ein kleiner grüner Punkt hinter einem langgezogenen Dünenrand.

Eine Geschichte ganz anderer Art hat die Insel Neuwerk auf der Südseite der Mündung: Die fast drei Quadratkilometer große Insel wurde um 900 erstmals erwähnt. Von 1300 bis 1310 errichtete die Stadt Hamburg, die mittlerweile die Insel an der Elbmündung samt Ritzebüttel (heute Teil von Cuxhaven) in Besitz genommen hatte, den noch immer stehenden Befestigungsturm, das Nyge Wark, mit seinen sich von 2,80 Meter nach oben hin auf 1,80 Meter Dicke verjüngenden Mauern. Von 1555 an wurde die Insel eingedeicht und besiedelt, ein Gasthaus wurde eröffnet. 1937 ging Neuwerk an die Stadt Cuxhaven, ist aber seit 1970 wieder unter Hamburger Verwaltung und mit der Sandinsel Scharhörn Teil des Hamburgischen Nationalparks Wattenmeer. Da Scharhörn momentan ein ähnliches Schicksal zu drohen scheint wie Trischen, haben die Hamburger in den letzten Jahren begonnen, eine neue Insel aufzuschütten, die

Vogelinsel Nigehörn. Naturschützer hoffen, daß damit die alten Hamburger Pläne, direkt an der Nordsee einen großen Hafen anzulegen, um nicht von der Konkurrenz abgeschlagen zu werden, auf viele Jahre begraben sind. 1998 hatte Neuwerk 76 Einwohner, für Gäste gibt es Campingmöglichkeiten und 130 Betten, vorwiegend in kleineren Pensionen. Man reist wie ehedem bei Flut mit dem Schiff oder bei Ebbe übers Watt mit dem Pferdewagen an.

Das Wechselhafte dieser Übergangszone zwischen Meer und Land mit seinem eigentümlich hellen Licht, die besondere Luft, die Neuankömmlinge zunächst müde und sehr hungrig macht, dann aber nachhaltig kräftigt, die extremen Witterungsverhältnisse übten von jeher einen großen Reiz auf Fremde aus. Schon 1793 plädierte Georg Christoph Lichtenberg in dem Aufsatz „Warum hat Deutschland noch kein großes öffentliches Seebad?" dafür, Cuxhaven, Ritzebüttel oder das Neue Werk zu einem Badeort auszubauen, ausgerichtet an dem Vorbild englischer Seebäder wie Margate, die sich schon damals großer Beliebtheit erfreuten, während man in Deutschland nur binnenländische Heilbäder kannte.

Was aber außer der Heilkraft jenen Bädern einen so großen Vorzug vor den inländischen gibt, ist der unbeschreibliche Reiz den ein Aufenthalt am Gestade des Weltmeers in den Sommermonaten, zumal für den Mittelländer hat. Der Anblick der Meereswogen, ihr Leuchten und das Rollen ihres Donners, der sich in den Sommermonaten zuweilen hören läßt, gegen welchen der hochgepriesene Rheinfall wohl bloßer Waschbecken-Tumult ist; die großen Phänomene der Ebbe und Flut, deren Beobachtung immer beschäftiget ohne zu ermüden; die Betrachtung, daß die Welle, die jetzt hier meinen Fuß benetzt, ununterbrochen mit der zusammenhängt, die Otaheite und China bespült, und die große Heerstraße um die Welt ausmachen hilft; und der Gedanke, dieses sind die Gewässer, denen unsre bewohnte Erdkruste ihre

Form zu danken hat, nunmehr von der Vorsehung in diese Grenzen zurückgerufen, – alles dieses, sage ich, wirkt auf den gefühlvollen Menschen mit einer Macht, mit der sich nichts in der Natur vergleichen läßt, als etwa der Anblick des gestirnten Himmels in einer heitern Winternacht. Man muß kommen und sehen und hören. [...]

Wenn ich, jedoch ohne das übrige nötige Lokale genau zu kennen, wählen dürfte, so würde ich dazu Ritzebüttel, oder eigentlich Cuxhaven oder das Neue Werk, oder sonst einen Fleck in jener Gegend vorschlagen. Freilich nicht jeder Seeort taugt zu einem öffentlichen Seebad, das auf große Annahme hoffen kann. Es kömmt sehr viel auf die Beschaffenheit des Bodens der See an. Zu Margate ist es der feinste und dabei festeste Sand, der auch den zartesten Fuß nicht verletzt, ihm vielmehr bei der Berührung behaglich ist, und gerade einen solchen Boden habe ich bei dem Neuen Werk gefunden. Der Beschaffenheit des Bodens zu Cuxhaven erinnere ich mich nicht mehr genau. Allein wo auch der Boden nicht günstig ist, läßt sich leicht eine Einrichtung treffen, die alle Unbequemlichkeiten hebt, und die ich zu Deal gesehen habe. Dieses zu verstehen, muß ich unsere Leser vor allen Dingen mit der Art bekannt machen, wie man sich an diesen Orten in der See badet. Man besteigt ein zweirädriges Fuhrwerk, einen Karren, der ein von Brettern zusammengeschlagnes Häuschen trägt, das zu beiden Seiten mit Bänken versehen ist. Dieses Häuschen, das einem sehr geräumigen Schäferkarren nicht unähnlich sieht, hat zwei Türen, eine gegen das Pferd und den davor sitzenden Fuhrmann zu, die andere nach hinten. Ein solches Häuschen faßt vier bis sechs Personen, die sich kennen, recht bequem, und selbst mit Spielraum, wo er nötig ist. An die hintere Seite ist eine Art von Zelt befestigt, das wie ein Reifrock aufgezogen und herabgelassen werden kann[...] Wenn also der ausgekleidete Badgast alsdann die hintere Tür öffnet, so findet er ein sehr schönes dichtes leinenes Zelt, dessen Boden die See ist, in welche die Treppe führt. Man faßt mit beiden Händen das Seil und steigt hinab. Wer untertauchen will, hält den Strick und fällt auf ein Knie, wie die Soldaten beim Feuern im ersten Gliede, steigt alsdann wieder heraus, kleidet sich bei der Rückreise wieder an usw. Es gehört für den Arzt zu bestimmen, wie lange man diesem Vergnügen (denn dieses ist es in sehr hohem Grade), nachhängen darf.

Cuxhaven wurde Seebad. Zu Lichtenbergs Zeit war der heutige Ort erst gut zweihundert Jahre alt. Heimatkundler vermuten, der Name stamme von Koogshaven, dem um 1570 eingedeichten Vorland von Ritzebüttel, das der eigentliche Hauptort an der Mündung und einstmals die Residenz der Raubritter von Lappe war. Ihrer geschäftsschädigenden Seeräubereien überdrüssig, hatte die Stadt Hamburg ihnen das gesamte Gebiet an der Elbmündung abgekauft und Ritzebüttel zum Amtssitz eines Senators gemacht, der im Winter- und Quarantänehafen sowie auf Neuwerk für Ordnung sorgte. Im 18. Jahrhundert bauten der Hamburger Ratsherr und Dichter Johann Hinrich Brockes und sein Nachfolger Amandus August Abendroth die Residenz zu einem ansehnlichen Schloß aus. Heute ist es als Heimatmuseum eingerichtet. Abendroth war es auch, der das Seebad Cuxhaven gründete. Die Badeeinrichtungen der Stadt liegen seeseits. Von der Kugelbake, dem Wahrzeichen der Elbmündung, zieht sich feinster weißer Sandstrand kilometerlang, bis über Duhnen hinaus nach Sahlenburg. Zur Kugelbake hin ist der Sandstrand künstlich aufgeschüttet; in den ersten Jahrzehnten mußten sich die Badegäste mit dem begnügen, was in Norddeutschland bis heute Grünstrand heißt – einer Liegewiese vor dem Deich. Doch auf die Dauer mochte man nicht auf die grabulistischen Möglichkeiten des Sandes verzichten, und sei der Sand noch so vom Westwind bedroht.

Von 1902 an wurde auch Duhnen, gegenüber von Neuwerk, zum Seebad ausgebaut. Heute ein betriebsames Kurbad mit Meerwasser-Brandungs-Hallenbad für Schlechtwettertage, war es damals eine kleine malerische Siedlung am Deich. Von dem Licht und dem weiten Blick angelockt hatten Schüler der Karlsruher Akademie 1895 die Duhner Malerkolonie gegründet, ohne jemals das Vorbild Worpswede einholen zu können, wo die Künstlervereinigung seit 1889 von sich reden machte.

In einem Erholungsheim für Kinder aus Hamburg hielt sich dort Anfang des Jahrhunderts, noch nicht zehnjährig, der spätere Dichter des Liedes „Lili Marleen", Hans Leip, zur Kräftigung auf. Sein Vater hatte einem Senator, der im Gremium der Stiftung saß, mit Erfolg eine Gürtelrose besprochen. Dafür durfte Hans die Reise antreten, war aber so schwach, daß er in der Reizluft gleich Fieber bekam und das Bett hüten mußte. Nach seiner Genesung schrieb er sein erstes Gedicht und hatte, weil er durch einen glücklichen Zufall mit den zur alljährlichen behördlichen Besichtigung angereisten Senatoren nach Neuwerk fahren durfte, eine denkwürdige Begegnung. Hans, der erst in letzter Minute die Erlaubnis zur Teilnahme an der feierliche Begrüßung bekommen hatte, fiel durch eine rote Schlipsschleife auf. Diese gefiel einem der „linksgesinnten" Senatoren, und er lud das Kind leutselig ein, mitzufahren.

Wie noch heute ging es bei Ebbe mit dem hochrädrigen Pferdefuhrwerk auf der Wasserscheide zwischen Elbe und Weser durchs Watt nach Neuwerk, wo der Junge zum erstenmal, nebst Kaffee und Kuchen, die Abgeschiedenheit einer Insel genoß. Als sie bei einem Spaziergang über den Deich am Turm anlangten,

ging plötzlich ein schmächtiger knebelbärtiger Mann still über den breiten, kopfsteinig gepflasterten Turmhof, und ich hätte wohl lieber einen der gefürchteten Seeräuber erblickt, die hier einst gehaust hatten. Indessen ließ der vortragende Syndikus eine kleine Pause eintreten, ohne daß der Dahinwandelnde uns zu bemerken schien, und jedermann sah dem in sich versunken Davongehenden nach, als habe er gebührende Kenntnisnahme und einen Gruß von ihm erwartet.

Später sagte dann jener Joviale, der mich eingeladen hatte, wie zur Entschuldigung in den Kreis seiner Kollegen: Es ist ein Dichter, meine Herren, der hat Eigentümlicheres zu bedenken als das, was mit einem behördlichen Aussehen und Ausflug zu verknüpfen wäre ... Oder so ähnlich. Und er nannte den Namen. Und es lächelten alle und nahmen es nicht wichtig. Nicht so wichtig jedenfalls wie ich, der sich noch lange darüber wunderte, daß ein Mann nicht nur Rainer, sondern sogar Maria mit Vornamen heißen könnte, und noch mehr, daß jemand vermocht habe, an einer so gewichtigen Vertretung der hansischen Regierungsmacht und Weltbedeutung, der ich mich eben stolz eingefügt gefühlt, achtlos vorbeizugehen; und eine bedrängende unbehagliche Ehrfurcht wehte mich erstmals leise an vor dem, was ohne Gewalt sich leisten darf, ungestört und ohne Blick auf andere und wie im Traum seinen Weg zu schreiten.

Das Bild Rilkes bleibt in seinem Gedächtnis haften und wird zum Sinnbild für die Verlockung, selbst eines Tages Schriftsteller zu werden, wenn er nicht den Knabentraum verwirklicht, als Schiffsjunge anzumustern und sich auf weiten Reisen über die Weltmeere zum Kapitän emporzuarbeiten. Von Leip stammt ein kleiner Roman über zwei Jungen an der Schwelle zum Erwachsenwerden, der auf Neuwerk spielt. Wie Astrid Lindgren das Glück der endlos langen Tage der schwedischen Sommer sinnlich erfahrbar macht, so läßt Hans Leip die Stimmungen lebendig werden, die einen in der Weite der Mündungslandschaft unter dem hellen Sommerhimmel erfassen können – den der Euphorie verwandten Übermut dessen, der sich eins fühlt mit den Elementen, die herrliche Faulheit in einem Segelboot bei Sonnenschein und lauem Wind, die Ehrfurcht vor plötzlichen Unwettern, sich hoch auftürmenden Wolkenbergen und imposanten Wellen.

Der Nigger auf Scharhörn ist Anfang des 20. Jahrhunderts angesiedelt, als die Schiffe, die an Neuwerk vorüberglitten, Segler oder Dampfschiffe waren. Der vierzehnjährige Hans verbringt den Sommer auf der Insel. Er ist erst wenige Tage dort, als ein Frachter vor Scharhörn sinkt. Auf der Sandinsel finden die Rettungsleute den jugendlichen Afrikaner Kubi, der rechtzeitig von Bord springen konnte, in der Schutzhütte auf der Bake, wo Schiffbrüchige bis in die siebziger Jahre hoch über dem Wasser

Wolldecken und Lebensmittel fanden. Später dann wurde die 28 Meter hohe Bake abgerissen und durch eine Wohnbaracke des Hamburger Hafenamtes ersetzt.

Kubi bleibt auf Neuwerk. Die beiden fast Gleichaltrigen freunden sich an und verleben einen Sommer voll kleiner Abenteuer, bis Kubi das Fernweh packt und Hans sich aus Treue zum Freund der Flucht auf einen Überseedampfer anschließen zu müssen glaubt. In die unbeschwerte Sommerstimmung mischt sich der Ernst echter Entscheidungen. Die beiden Jungen nehmen sich unbeobachtet ein Boot aus dem Hafen und brechen auf:

Wir hatten uns mit ablaufendem Wasser gleich nachmittags über die große Fahrrinne und zwischen Groß-Vogelsand und dem zweiten Feuerschiff munter hindurchgeschlängelt, den raumen Südwest im Nacken. Bis auf die Höhe von Trischen, dessen Bake wir dünn sichteten, waren wir gelangt, wo es seit altersher im Falschen Tief heißt.
Wir hatten geangelt, gefuttert, geklönt und abwechselnd hinter dem Kahn her angeleint im Wasser gelegen, Kubi, der Niggerjunge, und ich.
Über unsere Flucht sprachen wir nicht, aber es war klar, die Makrelen sollten uns als Wegzehrung dienen.
Die Sonne war lieblich und kitzelte unser Fell, daß es rauchte. Kleine rosa Wolken lungerten in West wie Engelsgefieder und kräusten sich über eine uns harmlos scheinende Bank, als weideten Lämmer auf dem Deiche. Das Wasser rispelte puddingsanft am Bug.
Daunenwiegend hob die Dünung unser Boot in meilenlangen Schwingungen. Und wir räkelten über Bord, runksten faul hinter der Angel, zu faul, um den Köder zu erneuern, und starrten in die grünglasige Tiefe, wo die Glockenquallen stumm dahinläuteten und die Fische standen wie fern versunkene Silberschiffe.
Südlich von uns sichteten wir zwei Störfischer, die ihre langen Stellnetze aussetzten. Wir kamen ihnen nicht näher und bedauerten es nicht. Die Stunden glitzerten davon. Die

Strömung staute sich und kenterte unversehens um. Es wurde Zeit, nach Hause zu peilen.

Nach Hause?

Hoch im Blauen wuchsen vielgefiederte weiße Windbäume.

„Wenn wir nach Hause kommen, gibt es Sturm!" sagte ich zweideutig.

Kubi schwieg, und ich verstand sein Schweigen und fühlte mich ihm verbunden auf Leben und Tod. [...]

„Es wird Zeit", sagte ich besorgt und wunderte mich, daß die Sandbank nicht näher kam.

Da merkten wir, daß wir festsaßen, und die flutende Strömung, die hier einen Bogen schlägt, hatte uns Fahrtwasser vorgeflüstert. [...]

Wir zogen die Schultern in unseren Jacken zusammen; es war nicht zu leugnen, daß es dämmerig wurde.

Auf einmal wurde Kubis Summen etwas freudiger. He, lele he! Er eilte nach vorn, unser Bug drehte sich, die Strömung schob uns in Fahrt. Der Buschsand mit dem kleinen Koogdeich, die große Bake dort, die niedrige Dünenkette, der weiße Sandstrand, das alles stand plötzlich deutlich handbreit überm Horizont in der Luft. Wir hielten darauf zu. Es lag etwas Gefahrdrohendes in der toten Stille, der wir gern entronnen wären. Aber das Segel hing wie ein nasses Handtuch, ohne Riemen- und Rudergewalt trieben wir davon. Drei schwarzweiße Buttlucken sahen wir fliegen, wie eine Bahnschelle bimmelnd, und sie flogen wie betrunken der Sonne nach, die in glühendem Dunste verschwand.

Auch die Insel war wieder versunken. Es war eine Luftspiegelung gewesen, eine Fata Morgana, was auf der Nordsee schlecht Wetter bedeutet, wie uns Jochen öfters gesagt hatte. Wir hatten einen weiten Weg nach Hause vor uns. Nach Hause? Wie gerne wenigstens hätte ich Trischen angelaufen, wir hatten es schon greifbar vor uns gesehen, und nun wurde es dunkel.[...]

Rot und gewaltig rollte der Vollmond herauf.

Manches hat sich seither geändert. Mittlerweile befahren in erster Linie Containerschiffe die große Schiffahrtsstraße, sind Seehunde und Fische rarer geworden, verstellt mancher Bohrturm die freie Sicht, doch wer in die Einsamkeit des Wattenmeeres aufbricht oder mit dem Boot die Elbe hinaufsegelt, kann auch jetzt noch vergleichbare Stimmungen erleben. Die Weite, die Stille können dich wie eh und je umgeben, in eine ganz eigene Beziehung zu Vergangenheit, Gegenwart und Zukunft versetzen. – Die Fahrrinne der Elbe ist so weit von Neuwerk entfernt, daß die Schiffe nach wie vor zwar groß, aber geräuschlos vorbeigleiten, und auf den vielen Sandinseln der Unterelbe läßt sich wunderbar Robinson spielen. Die schönste Art, die Unterelbe zu erleben, ist nach wie vor mit dem Segelboot, auf großer und kleiner Fahrt.

Von der alten Seemannsromantik mag dagegen wenig übrig sein, weil der Fortschritt in die Schiffahrt eingezogen ist. Wer auf einem Containerschiff anheuert, muß eher Sitzfleisch mitbringen als Neugier und Fernweh. Einige Jahrzehnte lang sah es aus, als wollte der Fortschritt die Elbmündung ebenfalls nachhaltig verändern, viel nachhaltiger als es ein paar hundert Windräder vermögen. Um den Anschluß an den Weltmarkt zu halten, die Vorrangstellung des Hamburger Hafens, wurde geplant, im Watt um Neuwerk einen Industrie- und Tiefwasserhafen anzulegen. Wäre dies verwirklicht worden, wäre es um die Stille der Insel, um den Blick vom Strand auf das flache Land mit dem Turm geschehen gewesen. Statt dessen hat sich der Plan zum Nationalpark Wattenmeer durchgesetzt, das Watt wie die Inseln und Sande sind in Schutzzonen eingeteilt, Bootsverkehr wie Betreten sind genau geregelt, Informationszentren und Museen zum Beispiel in Cuxhaven und Friedrichskoog bieten Einführungen in das Tier- und Pflanzenleben an. Man hofft, die Uhr in Sachen Naturzerstörung eher wieder ein wenig zurückzustellen.

Es ist müßig sich vorzustellen, was aus der künstlich vertieften Elbe-Wasserstraße nach Hamburg geworden wäre, wenn der Hafen ans Meer verlegt worden wäre. Ein natürlicherer, etwa nur durch Sommerdeiche eingedämmter, im Winter die Felder überflutender Fluß, der hier und da versandet und die Fahrrinne verlegt? Die Idylle wäre mehr als nur unbequem: wie bliebe man bei den Überschwemmungen im Winter auf gewohnte Weise mobil? Und der Elbschlick ist auch nicht mehr das, was man auf den Feldern haben will. Zu giftig, wenn auch mit Tendenz zur Besserung.

Am Gezeitenstrom

Die Elbe bei Glückstadt: dramatischer Himmel über der großen Wasserfläche mit den flachen Ufern

So gering ist das Gefälle der Elbe, daß der Wasserstand noch über 100 Kilometer landeinwärts mit Ebbe und Flut schwankt. Früher waren extreme Tiden bis Lauenburg zu spüren, heute setzt die Staustufe in Geesthacht ihrem Vordringen ein Ende. Von der Mündung bis kurz vor Hamburg erstreckt sich beiderseits eine weite Ebene. Am Nordufer die Marschen: Süderdithmarschen, die Wilstermarsch, die Kremper, Kollmarer, Seestermühler und Haseldorfer Marsch, bis sich bei Wedel die Hügel der Geest unmittelbar an den Strom schieben. Am Südufer die Lande: Hadeln, Kehdingen, das Alte Land. (Und schließlich hinter Hamburg die Vierlande, durchschnitten von den toten Armen der Dove- und der Gose-Elbe.) Dazwischen breit der Strom. Bei Glückstadt noch vier Kilometer breit, verjüngt er sich nur allmählich bis zur ehemaligen Mündung der Süderelbe vor Finkenwerder, der einst berühmten, jetzt fast vom Hafen verschluckten Fischer- und Seefahrerinsel vor Hamburg.

Vor hundert Jahren faßte Rainer Maria Rilke seinen Eindruck der Gegend in ein Gedicht:

Das Land ist weit, in Winden, eben,
sehr großen Himmeln preisgegeben
und alten Wäldern untertan.
Die kleinen Dörfer, die sich nahn,
vergehen wieder wie Geläute
und wie ein Gestern und ein Heute
und so wie alles, was wir sahn.
Aber an dieses Stromes Lauf
stehn immer wieder Städte auf
und kommen wie auf Flügelschlägen
der feierlichen Fahrt entgegen.

Und manchmal lenkt das Schiff zu Stellen,
die einsam, sonder Dorf und Stadt,
auf etwas warten an den Wellen, –
auf den, der keine Heimat hat ...

Die Beschreibung trifft auf weiten Strecken noch heute zu. Was-
ser, ein schmaler Streifen Land und unendlich großer Nolde-
Himmel. Spärliche Siedlungen. Man muß sich nur wenige Meter
über die Ebene erheben, um endlos weite Blicke zu genießen. Die
landschaftlichen Reize sind überall die gleichen, unterbrochenes
Grün in verschiedenen Mustern und Tönen, hier und da ein
Kirchturm, ein paar Höfe, dazu das helle breite Band der Elbe.
Trotzdem kann man das zu Füßen Liegende stundenlang
betrachten. Zwei besonders schöne Stellen will ich nennen: In der
Wingst ragt der Deutsche Olymp, der zweithöchste „Berg" der
Gegend, 64 Meter hoch auf. Von dem Aussichtsturm auf dem
Gipfel überblickt man das gesamte Mündungsgebiet von Elbe
und Weser. Und in Glückstadt, der sternförmig angelegten, 1617
von dem dänischen König Christian IV. gegründeten Bilderbuch-
stadt, ist der alte Wasserturm im Park am Stadtwall zu einem
einfachen, aber guten Restaurant umgewandelt worden – Feuer-
stein, Bohnstraße 1. Der Blick reicht über die begrasten Befesti-
gungsanlagen, über die Dächer der Stadt und die vorgelagerte
Sandinsel bis weit über die Elbe, die von diesem Ufer gesehen so
im Licht glitzert, daß die vorbeifahrenden Schiffe wie Schatten-
risse durch das Wasser ziehen. Bei Sonnenuntergang färben sich
Himmel und Wasser, und wenn die Wolken dann noch eine gute
Vorstellung geben, ist das Schauspiel perfekt.

Da in den Marschen das Land aus dem Wasser gewonnen wurde,
ist es auf ganz eigene Art von Menschen geprägt. Hier mußte
nicht gerodet werden, um Land urbar zu machen, sondern eingedeicht und entwässert, um den überall gleichen Boden in Acker-
stücke aufteilen zu können. Das gewonnene Land ist eben, es
fehlt das Zufällige. Auf beiden Seiten der Elbe durchziehen lange,
gerade Wassergräben die Flächen, umgeben die auf angehobe-

nem Boden erbauten Häuser und Ortschaften. Diese Gräben sind heute beinahe das einzige, was sichtlich daran erinnert, wie sehr die sicheren Deiche das Leben in der Gegend verändert haben.

Das sich nordwestlich ausbreitende Dithmarschen ist in den letzten Jahrhunderten deutlich gewachsen. Im Mittelalter knickte das Ufer unmittelbar vor Brunsbüttel nach Norden ab. Seit der Flut von 1362, als große Teile der flachen Küste ins Meer gerissen wurden, neue Inseln entstanden und alte schrumpften oder verschwanden, wird hier systematisch Landgewinnung betrieben. Das Ausmaß der notwendigen Erdarbeiten kann man sich gar nicht groß genug denken. Es mußten ja nicht nur Deiche aufgeschüttet, sondern allenthalben auch Wege im bodenlosen Morast befestigt und Schöpfgräben ausgehoben werden, um den Grundwasserspiegel zu senken. Für Dörfer und Höfe wurde der Boden erhöht. Man ließ sich nur bedingt von der Natur diktieren, wieviel Land urbar zu machen war, sah nur bedingt voraus, wie sehr sich der Boden durch die Entwässerung senken würde; in der Wilstermarsch etwa liegen etliche Felder unter dem Meeresspiegel. Bei Äbtissinwisch kann man den tiefsten Punkt Deutschlands besichtigen, markiert mit 3,54 Meter unter N.N. Hunderte von Schöpfmühlen, in Reih und Glied aufgestellt, halfen bei der Entwässerung. Ihre Aufbauten ragten im vorigen Jahrhundert fast so dominant über die Landschaft wie heute die Windräder.

Bis ins 20. Jahrhundert sind immer neue Köge eingedeicht worden, die letzten in den dreißiger Jahren, und das neueste Deichbauprogramm, nach der Flut von 1976 erarbeitet, sieht abermals Verkürzungen der „Deichverteidigungslinie" vor. Die Stadt Marne, bis 1850 ein Küstenort und im Mittelalter Heimat kühner Seeräuber, liegt jetzt sieben Kilometer im Inland.

Brunsbüttel ist es umgekehrt ergangen. Am Eingang zum Nordostseekanal gelegen, ist die Stadt heute der bedeutendste Industriestandort auf der schleswig-holsteinischen Seite der Unterelbe. Doch sie mußte einen langen Kampf um ihre Existenz führen. Durch ihre Lage am Nordufer des Mündungstrichters ist sie dem von der See her fegenden Westwind ungeschützt ausgesetzt.

Kein Landgürtel bricht seine Macht. Sturmfluten rollen unge-
bremst an. Jahrhundertelang brach die Elbe an diesem Uferstück
unablässig ein. Als Johann Heinrich Voß 1782 in Hexametern
sprach: „Oftmals fodert die Elb' in des Herbstnachtsturmes
Begleitung / Mit hochbrandender Flut zornig ihr altes Gebiet",
hatte die Gegend eben begonnen aufzuatmen: 150 Jahre lang hatte eine Flutkatastrophe die andere gejagt, ohne daß die Bevölkerung eine Chance hatte, verlorene Deiche auch nur notdürftig zu
flicken. Erst 1763 war es endlich gelungen, wieder einen Deich zu
schließen, wobei man die Uferlinie um einige Kilometer hatte
zurückverlegen müssen. Die Landschaft hatte sich gründlich verändert. Die Seen im Hinterland beiderseits des heutigen Nord-
ostseekanals etwa sind eine Hinterlassenschaft der schon
erwähnten Weihnachtsflut von 1717. Damals hatte sich der
Strom eine Viertelmeile breit bis tief in die Wilstermarsch ergos-
sen. Doch schon davor hatte die Bevölkerung schreckliche Ein-
bußen erlitten. Im Protokoll des Kirchspiels Brunsbüttel ist
nüchtern verzeichnet: „Es ging verloren Anno 1566 ein ganzes
Dorf Söderhusen, 1617 ein halbes Dorf, Olde Buhrwörden
genannt, 1629 das Dorf Pütthusen mit 70 Häusern, 1656 ein Teil
des Fleckens Brunsbüttel, 1664 ein Teil von den Dörfern Groden
und Wall, 1674 ganz Brunsbüttel mit allen instehenden Häusern,
Kirchen und Schulen, 1684 hundert Morgen gegen Ostermoor."
Wo das Handelsstädtchen Alt-Brunsbüttel lag, verläuft heute die
Fahrrinne. Von einigen der anderen Orte waren bei tiefer Ebbe
noch bis 1900 Mauerreste im Außendeich zu erkennen.

An dem langen, flachen Abschnitt der Elbe zwischen Friedrichskoog und Wedel vor Hamburg und zwischen Cuxhaven und Finkenwerder gibt es so viel zu sehen und zu wissen, daß sich damit
allein ein Buch füllen ließe. Ob vom Aufstieg und Untergang des
Walfangs in Glückstadt und Altona oder von der ruhmreichen
Zeit, als Stade zur Hanse gehörte und versuchte, Hamburg als
Hafen den Rang abzulaufen, bis der Hausfluß, die Schwinge, ver-
sandete. Oder von der Freiheitsliebe und dem Wohlstand der
Marschbauern, der nicht nur in den Wohnhäusern zum Aus-

druck kam, sondern auch in gediegenen Handwerksarbeiten, dem Silberfiligranschmuck für die Trachten etwa, dessen Herstellung in Buxtehude weiterhin gepflegt wird. Auch die prächtigen Inneneinrichtungen der Kirchen geben Zeugnis von diesem traditionellen Wohlstand. Sie sind alle sehenswert, von den Bauernkirchen in Lüdingworth, Ilienworth und Altenbruch, der einzigen mit einem Doppelturm, der deshalb den Schiffern als Orientierungsmarke diente („Solange die beiden Türme von Altenbruch übereinanderstehn, hat die Frau das Sagen an Bord, also etwa fünf Sekunden", ist ein häufig angeführtes Bonmot, das unter anderem in Gorch Focks Roman *Seefahrt ist not* zu finden ist), über St. Severi in Otterndorf bis zu den alten „holländischen" Kirchen im Alten Land – wo Gotthold Ephraim Lessing 1776 in der Kirche zu Jork mit Eva König (s.u.) getraut wurde – und bis hin zur berühmtesten aller Fachwerkkirchen, der mehr als 600 Jahre alten St. Nikolaikirche in Altengamme in den Vierlanden südlich von Hamburg.

Mein Vorschlag wäre, Sie lassen sich eine breite Auswahl der sorgfältig ausgearbeiteten Broschüren kommen, die von den Fremdenverkehrsämtern verschickt werden. Gegen ein geringes, freiwilliges Entgelt erhalten Sie wirklich informative Proben örtlicher Heimatliebe, gespickt mit Tips über die neuesten, zu Freizeitanlagen ausgebauten Süßwasserbadeseen hinter den Sperrwerken an den Nebenflüssen oder sogar „Badeparadiesen" an der Elbe selbst – am Strand von Krautsand trauen sich sogar Einheimische schon wieder ins Wasser!

Die Gepflegtheit der Dörfer und Städtchen in den Landkreisen auf beiden Seiten der Elbe macht den Eindruck, als hätte sich der Stolz, mit dem die Marschbauern ihre Höfe zu stattlichen Anwesen ausbauten, auf die Gemeinden insgesamt übertragen. Es ist auffallend, wie sehr man darauf hält, daß Häuser und Straßen schmuck wirken. Jedes Städtchen ist darauf bedacht, Traditionen zu feiern, ob in Markt- und Handwerksfesten oder wie in Dithmarschen mit den „Kohltagen", wenn sich die Restaurants zur Feier der Ernte von jährlich 120 Millionen Kohlköpfen überschlagen, um alte und neue Kohlspezialitäten auf den Tisch zu zaubern. (Wer zur falschen Zeit nach Dithmarschen kommt, kann sich zum Trost mit der Broschüre behelfen und in der Ferienwohnung das Rezept für Wirsing-Lasagne nachkochen.) Fast scheint es, als bildeten Ordnung und Gediegenheit, vielleicht sogar die Betonung der Gemütlichkeit, ein bewußtes Gegengewicht zur übermächtigen Natur, als legte man unter dem riesigen Himmel am Rand der wilden Nordsee besonderen Wert darauf, nicht nur sich und die Seinen im sicheren Nest zu schützen, sondern sich an Menschenwerk zu freuen. So gibt es in der Region eine beeindruckende Vielzahl von Museen zu Heimat- und Naturkunde, Galerien für moderne Kunst und Kunsthandwerk, Musik- und Literaturwochen. Wer beispielsweise in Stade alles ansehen wollte, was die Stadt zu bieten hat, hätte mehrere Tage zu tun: Stadtgeschichte im Schwedenspeicher, Volkskundliches im Heimatmuseum in der Inselstraße, die berühmte Barockorgel von Arp Schnitger und Behrendt Hus in St. Cosmee, mehr als 70 Gemälde von Worpsweder Meistern im Kunsthaus. Schon die sorgfältig restaurierte Altstadt ist ein Schmuckstück, und wir können von Glück sagen, daß wir noch darin herumspazieren dürfen. Ginge es nämlich nach japanischen Fremdenverkehrs-experten, wäre sie jüngst komplett demontiert und in einen Freizeitpark auf Okinawa transportiert worden. Um eine möglichst milde Ablehnung des Angebots bemüht, hat die Stadt versprochen, zum Ersatz wenigstens einen historischen Bau ausfindig zu machen, der neugierigen Japanern norddeutsche Lebensart anschaulich nahebringen kann.

Die Weite der Elbmarschen, vielleicht auch ihre Einsamkeit, wirkte immer wieder anziehend auf Schriftsteller. So leben zur Zeit Günter Kunert nördlich der Elbe bei Itzehoe und Walter Kempowski südlich in der Gegend von Zeven. Helmut Heissen-büttel war im holsteinischen Glückstadt zu Hause. Und in Odisheim unweit der Wingst hat der 1993 verstorbene Helmut Salzinger die letzten zwanzig Jahre seines Lebens verbracht. Den Fortgang seiner „Verwilderung" – des Heimischwerdens auf dem Stück flachen Marschland, das er mit seiner Frau kennenzulernen und behutsam zu bebauen trachtete – beschreibt er eindrücklich in dem Buch *Der Gärtner im Dschungel,* von dem in einem der nächsten Kapitel die Rede sein soll. Den gebürtigen Ostpreußen Siegfried Lenz hat es ins nördlichere Schleswig-Holstein gezogen. Nur einen Roman, *Die Deutschstunde* (1968), siedelt er mitten in der Elbe an, in einem Heim für schwererziehbare Jugendliche auf der Nachbarinsel von Hahnöfersand mit der bekannten Jugendvollzugsanstalt. Der junge Siggi Jepsen sitzt allein in einer Zelle und soll dort einen Deutschaufsatz über „Die Freuden der Pflicht" schreiben. Während der für alle angesetzten Arbeit war er nicht in der Lage gewesen, einen Anfang für den Aufsatz zu finden. Die Verantwortlichen fühlen sich durch das leer abgegebene Heft provoziert, doch Siggi konnte nicht schreiben, weil sich das Wort Pflicht für ihn mit seinem Vater verbindet, der als Polizist während der Nazizeit zur Überwachung des Malverbots eines Max Ludwig Nansen (Leser werden in ihm unschwer Emil Nolde erkennen) abgestellt war, und weil die Erinnerungen ihn mit sich forttragen. Nun sitzt er nach und denkt dem Leser vor und sieht dabei aus dem vergitterten Fenster auf den Fluß, eine Reflexionsfläche, die freiwillige Schriftsteller oft genießen:

Schau ich zum Fenster hinaus, fließt da durch mein weiches Spiegelbild die Elbe; mach ich die Augen zu, hört sie nicht auf zu fließen, ganz bedeckt mit bläulich schimmerndem Treibeis. Ich muß die Schlepper verfolgen, die mit krustigem, befendertem Bug graue Schnittmuster entwerfen, muß dem Strom zusehen, wie er von seinem Überfluß Eisschollen an unseren Strand abgibt, sie hinaufdrückt, knirschend höherschiebt, bis zu den trockenen Schilfstoppeln, wo er sie vergißt. [...]
Fast einen Tag lang sitze ich nun so, und vielleicht hätte ich schon angefangen, wenn da nicht, zur Ablenkung, Schiffe über den winterlichen Strom aufkämen, die zuerst nicht zu sehen, nur zu hören sind: das schwache Dröhnen der Maschinen kündigt sie an, dann ein Stoßen und Poltern, das die

Eisschollen hervorrufen, die splitternd an der eisernen
Bordwand entlangtrudeln, und dann, während das Stampfen
härter und bestimmbarer wird, gleiten sie aus dem Zinngrau
des Horizonts mit ganz und gar verwaschenen Farben,
feucht, vibrierend, eher eine Erscheinung der Luft als des
Wassers, und ich muß sie aufnehmen mit dem Blick und
begleiten, bis sie querab und vorüber sind. Mit ihren eisver-
krusteten Steven und Relings und Entlüftern, mit ihren gla-
sierten Aufbauten und rauhreifbesetzten Spanten gleiten sie
durch die Starre. Was sie zurücklassen, ist ein breiter, unge-
nauer Schnitt im treibenden Eis, eine Rinne, die mäander-
förmig gegen den Horizont läuft, schmaler wird, zuwächst.

Gegen Ende des 18. Jahrhunderts fanden sich zwei Figuren des
deutschen Kulturlebens an der Niederelbe ein, deren Geschichten ein Licht auf die Lebensbedingungen der Zeit werfen und auf
den häuslichen Alltag an der Elbe. Der aus Meldorf stammende
Heinrich Christian Boie übernahm 1781 den Posten des Land-
vogts von Süderdithmarschen und war als solcher zuständig für
den Deichbau in und um das hochwassergefährdete Brunsbüttel.
Er hatte seine Karriere anders begonnen, nämlich als Herausgeber des Göttinger Musenalmanachs, eine der ersten Literatur-
zeitschriften in Deutschland, gegründet als Unternehmen eines
schwärmerischen, freiheitlichen Dichterbundes, des Göttinger
Hainbundes, und bald so erfolgreich, daß der Almanach allenthalben nachgeahmt wurde. Mit von der Partie war damals der
schon erwähnte Johann Heinrich Voß, wie er ein großer Verehrer
Klopstocks, aber anders als Boie ein ambitionierter Dichter. Boie
muß bald nach dem Studium beschlossen haben, daß ihm Kolle-
genförderung mehr lag als das Dichten selbst, daher suchte er
sich einen handfesten Brotberuf und widmete sich der Dicht-
kunst nur noch als – sehr rühriger – Vermittler. Ein schriftliches
Zeugnis aus den Jahren an der Elbe besitzen wir in seinem Brief-
wechsel mit Luise Mejer von 1777 bis 1785, erschienen unter
dem Titel *Ich war wohl klug, daß ich dich fand*. Die beiden Kor-
respondenten vermitteln ein lebendiges Bild der Menschen hin-

ter den berühmten Namen aus ihrem Bekanntenkreis. Und mehr als das: Indem sie sich jahrelang fast täglich über alle großen und kleinen Fragen des Lebens austauschten, hinterließen sie eine Moment für Moment aufgezeichnete, spontane Chronik der typischen Freuden, Sorgen und Bedrängnisse der Zeit.

Luise Mejer und Boie lernten sich im September 1777 kennen, als er 32, sie 30 Jahre alt war. Er wollte sie zur Frau haben, doch obwohl auch sie ihn liebte, schlug sie seinen Heiratsantrag ein Jahr nach Beginn ihrer Freundschaft aus. Sie wollte seine Freundin sein und suchte sogar mögliche andere Ehekandidatinnen, weil sie befürchtete, für die Ehe gesundheitlich zu schwach zu sein, sehr zu Recht, wie sich herausstellen sollte. Es wirkt fast wie eine Vorahnung ihres eigenen, für die Zeit durchaus typischen Schicksals, wenn Heinrich ihr am 4. Januar 1778 schreibt:

Dank, beste Luise für Ihr Briefchen. [...]
Der arme Lessing! Er hat sein Kind verloren und die Frau ist in sehr großer Gefahr. Lesen Sie, was er schreibt:
„Meine Freude war nur kurz. Und ich verlor ihn so ungern, diesen Sohn! denn er hatte so viel Verstand! so viel Verstand! – Glauben Sie nicht, daß die wenigen Stunden meiner Vaterschaft mich schon zu einem Affen von Vater gemacht haben. Ich weiß, was ich sage. War es nicht Verstand, daß man ihn mit eisernen Zangen auf die Welt ziehen mußte? Daß er so bald Unrat merkte? War es nicht Verstand, daß er die erste Gelegenheit ergriff, sich wieder davon zu machen? – freilich zerrt mir der kleine Ruschelkopf auch die Mutter mit fort! – denn noch ist wenig Hoffnung, daß ich sie behalten werde. – Ich wollte es auch einmal so gut haben als andere Menschen. Aber es ist mir schlecht bekommen." –
Welch ein Schmerz, eine Bitterkeit in dem Ausdruck! der arme Mann! Aber was mag auch das für ein Schmerz sein! Weh dem, der in solchen Fällen ein Herz hat! ... Luise, ich mag heute nicht schreiben, ob ich gleich Zeit genug habe.

Es kam wie befürchtet. Lessings Frau Eva starb noch im Wochenbett, sie hatten keine zwei Jahre zuvor geheiratet. In der schönen Kirche zu Jork im Alten Land, wo die Broschüren bis heute von der Prominentenhochzeit zehren. Den Witwer wird es kaum getröstet haben, daß er mit seinem Schicksal nicht allein dastand. Daß heute harmlose Krankheiten oder Unfälle damals häufig den Tod bedeuteten, machte keinen Abschied leichter, selbstverständlicher war nur die Durchmischung des Alltags mit dem Bewußtsein vom Sterben. (Auch der zeitgenössische Dichter Klopstock hatte 1758 seine erste Frau, die vorwitzige Meta, bei der Geburt des ersten Kindes verloren. Von ihr sind ebenfalls Briefe überliefert. Sie hätte, wäre sie nicht so früh verstorben, unsere Sicht des Dichters bestimmt um manche schräge Perspektive bereichert. Doch das ist wieder eine andere Geschichte.)

Luise Mejer entschloß sich schließlich doch zur Ehe. Mit ihrem Umzug nach Meldorf als Heinrichs Frau hört 1785 die Korrespondenz auf. Zur Vervollständigung der Geschichte sind jedoch noch einige Briefe an den Freund Johann Heinrich Voß und seine Frau beigefügt, die in vertrautem Ton vom häuslichen Leben und von der Vorfreude auf das erste Kind erzählen. Sie enden abrupt mit einem verzweifelten Brief Boies, in dem er berichtet, daß Luise und das Kind bei der Geburt starben. Nur knapp ein Jahr hatte die Ehe gedauert.

Boie und Voß kannten sich, wie erwähnt, schon von der Universität in Göttingen. Dort hatte letzterer, 1751 im Mecklenburgischen als Sohn armer Eltern geboren, dank eines Freitisches studieren können. In Boie hatte er einen Freund und Förderer gefunden und mit ihm den Hainbund gegründet. Boie sorgte dafür, daß Voß nach dem Studium zum Herausgeber des Musenalmanachs ernannt wurde und dieses Amt von Hamburg aus besorgen konnte. Die 150 Taler Salär boten dem mittellosen Voß ein minimales Auskommen, die Tätigkeit selbst die Möglichkeit zum Austausch mit allem, was als Dichter zu der Zeit Rang und Namen besaß, nicht zuletzt mit Friedrich Gottlieb Klopstock, dem vielgepriesenen Dichter des *Messias,* der in Hamburg ansässig und wohl ausschlaggebend dafür war, daß Voß ebenfalls dorthin verzog.

Boie verdankte Voß auch die Bekanntschaft mit dessen Schwester Ernestine, die er in ihrem Elternhaus kennen und lieben lernte. Einer Heirat stand nur die Armut des Bräutigams im Weg; das garantierte Honorar für den Musenalmanach konnte die Mutter zwar schließlich zur Einwilligung bewegen, doch Voß wußte wohl, daß er zusätzlich einer festen Anstellung bedurfte, um die gewünschte Familie zu ernähren. Er tat sich um. Und entschied sich 1778, nach Otterndorf zu gehen, wo ihm der angebotene Posten des Rektors der Lateinschule und das Gehalt – vor allem aber die in Aussicht gestellte Freiheit in der Amtsführung – zusagten.

Otterndorf, fast gegenüber von Brunsbüttel in Hadeln gelegen, ist ein schönes Beispiel für die oben angesprochene Form der Heimatpflege. Von dem kleinen Fluß Medem umflossen, der gleich hinter dem Ort in die Elbe mündet, ist das sechshundertjährige Städtchen eine Insel häuslicher Ordnung inmitten der weiten, zu Voß' Zeiten vom Wasser bedrohten Marsch, ein hübscher, beschaulicher Ort mit 6300 Einwohnern. Dort wird Johann Heinrich Voß bis heute als Dichter und Übersetzer verehrt. Eine nach ihm benannte Straße, sein Wohnhaus, ehrfürchtig bezeichnet als der Ort der Vollendung seiner Odyssee-Übersetzung, und ein jährlich vergebenes Literaturstipendium für einen Stadtschreiber, der von Mai bis September das Gartenhaus am Süderwall beziehen darf – ein Privileg, welches unter anderen vor ein paar Jahren Bernd Lassahn genossen hat, der Erfinder von Käpt'n Blaubär –, bewahren sein Andenken. Gut vier Jahre hat er dort gelebt.

Manch ein Literaturhistoriker wertete Voß' Aufenthalt in Otterndorf als Verbannung in die Barbarei, die Jahre an der Elbmündung als unproduktiv, doch ein Blick in die Zeugnisse der Zeit zeigt, daß Voß recht gut in die Gegend paßte. Er folgte willig dem Ruf dahin. Die Vossens müssen von vornherein darauf eingestellt gewesen sein, daß sie es finanziell nicht leicht haben würden. Die gedrückte Realität hat ihn offenbar nie an seiner Berufung zu Höherem zweifeln lassen. Von irgendwoher nimmt er einen selbstverständlichen Glauben an sich als Dichter und literarische Autorität, der gegen Anfechtungen immun scheint.

Geseufzt hat er über die Unerreichbarkeit der Idealwelt, war jedoch offenbar schnell durch das viele Schöne im eigenen kleinen Alltag zu versöhnen. Seine Dichtungen zeichnen sich durch eine eigentümliche Mischung aus Höhenflug, erhabener Versform und alltäglichstem Kleinkram aus. Vielleicht entspricht sie einem ähnlich gefügten Wechselspiel in seinem Leben. Ein gewisser Biedersinn scheint selbst in seinen Homerübersetzungen durch, die ansonsten zu Recht als erste vorbildliche Übertragungen der *Ilias* und *Odyssee* in deutsche Hexameter gelten. Böse Zungen behaupten, daß seine griechischen Helden und Heldinnen stellenweise wie brave Bürgersleute klingen, die ihre Abenteuer so begrenzen, daß sie auf jeden Fall pünktlich ins Bett kommen, zum Beispiel wo er Andromache zum in den Kampf stürmenden Hektor sagen läßt: „Trautester Mann, dich tötet dein Mut noch!" Für „trautester Mann" steht im Griechischen „*daimónie*", eher „Besessener" oder „Unbegreiflicher".

Jedenfalls wirkt Voß nicht unglücklich, was seine Übersiedlung nach Otterndorf betrifft. In den Briefen an seinen Mitherausgeber des Musenalmanachs Goeckingk schreibt er:

Wandsbeck, den 29. Jul. 78.

Nach Otterndorf, lieber Freund, scheints wohl, als ob ich hin muß. Die Stelle hat freilich 5 öffentliche Stunden, und [...] Privatstunden dazu, und trägt nur alles in allem gegen 400 rh; aber man kann, wie es heißt, damit auskommen, und die Leute sind da ziemlich gut gesinnt, und der Rector ist sehr wenig eingeschränkt, und wird sehr geachtet. Vielleicht bahnt mir die Stelle auch eher den Weg zu einer beßren, als das Bärenhautern in Wandsbeck. Wenigstens wird das Vorurtheil gegen mich geschwächt, daß ich wohl arbeiten könnte, aber als Dichter nicht möchte.

W. 23 Sept. 78.

Die Leute, die ich gesehn habe, sind gradeweg, ehrlich und frei. Der Reichthum des Landes ist Ackerbau und Viehzucht, die Bauern sind die Vornehmsten, Edelleute giebts gar nicht.

Ich habe 2 von meinen Patronen, die ebenfalls Bauern waren, besucht, und mich herzlich an dem patriarchalischen Leben ergezt. Es scheint, als wenn ich den Leuten auch nicht misfalle; sehr vieles thut hiebei mein bißchen Plattdeutsch.

Otterndorf, den 21 Jan. 1779.

Wie es mir gefällt, wollen Sie doch wohl zuerst wißen. Recht gut, mein lieber. Ich hatte es mir nicht so gut vorgestellt, und das trägt viel zu meiner Zufriedenheit bei. Die Arbeit ist grade so, als ich sie ertragen kann, und die Einkünfte, daß ich gemächlich damit auskomme. Ich bin überzeugt, daß mich Gott hierhergeführt hat. [...] Die Gegend muß im Sommer, wenn das hohe Marschkorn darauf steht, ungemein schön sein. Jetzt kann man kaum aus dem Hause kommen. An Versemachen ist hier noch gar nicht zu denken gewesen; doch habe ich meine Odüßee, die ich bis zum 20 Ges. gebracht hatte, hier bis auf einige sehr schwere Verse, die ich noch nicht verstehe, vollendet. Ostern denke ich die Pränumeration anzukündigen, und übers Jahr mit dem Drucke fertig zu sein.

Die Arbeit ging wie geplant voran. Daß es doch noch zwei Jahre dauerte, bis Voß seine „Odüßee" tatsächlich herausgab, lag nicht daran, daß er die Arbeit nicht vollenden konnte. Er schrieb die Subskription Ostern 1779 aus, aber sie brachte nur enttäuschende 300 Bestellungen, so daß er den Drucktermin aufschob, ohne den Plan zur Veröffentlichung in dieser Form aufzugeben, weil sie einen viel höheren Verdienst versprach als die Abgabe des Textes an einen Verlag oder, wie damals ebenfalls häufig üblich, an eine Buchhandlung. Wieder trat Boie auf den Plan. Ihm gelang es, die Zahl der Bestellungen bei der zweiten Ausschreibung auf 600 zu bringen, und die Übersetzung konnte 1781 erscheinen.

Die Zeitgenossen waren des Lobes voll. Wieland und Goethe schwärmten, nur Lichtenberg höhnte. Voß wurde berühmt.

Die Otterndorfer stellen sich gern vor, er habe aus örtlicher

Anschauung geschöpft, wenn sie in der „Odüßee" Attribute finden wie „weithinfließend", „hochaufwogend" oder „fischdurchwimmelt" oder wenn im IX. Gesang steht:

Aber nun sandt auf die Schiffe der Wolkenversammler des
                                        Nordwinds
Fürchterlich heulenden Sturm, verhüllt' in dicke Gewölke
Meer und Erde zugleich, und dem düstern Himmel entsank
                                         Nacht.
Schnell mit gesunkenen Masten entflogen die Schiff', und
                                     mit einmal
Rasselte rauschend der Sturm und zerriß die flatternden
                                          Segel.
Eilend zogen wir sie, aus Furcht zu scheitern, herunter
Und arbeiteten uns mit dem Ruder ans nahe Gestade.
Zwo grauenvolle Nächte und zween langwierige Tage
Lagen wir mutlos dort, von Arbeit und Kummer entkräftet.

Wenn man mehr von Voß liest, gewinnt man den Eindruck, daß er zu Zeiten selbst in Hexametern geträumt haben muß, so selbstverständlich fließen sie ihm aus der Feder. In seinen eigenen Dichtungen verwendet er sie vor allem in den Idyllen, einer Form episch breiter, lyrischer Gedichte, die sich im 18. Jahrhundert von der ursprünglichen Schilderung beschaulicher Geborgenheit fortentwickelte und von der Zeit inspirierten Themen zuwandte, etwa der Zerrissenheit zwischen Ideal und Wirklichkeit, was für den heutigen Leser teilweise eine unfreiwillige Komik erzeugt. Das gilt zum Beispiel für die in synthetisches Gesamtplattdeutsch und Hexameter gepreßten, humorigen *Twee Veerlander Idyllen,* zu denen der niederdeutsche Dichter Klaus Groth bemerkte, einem Plattdeutschen werde es im Ohr und Herzen übel davon, aber auch für seine berühmteste, häufig als sozialkritische Anti-Idylle gefeierte *Luise.* Wer ohne Vorbereitung zu ihnen greift, dürfte sich eher schwertun. Allzu ungewohnt macht sich der Hexameter, den wir heute wohl noch für Erhabenes akzeptieren, dort, wo es um Kirschernte und Erdbeer-

pflücken geht. Lesen Sie selbst, wie „der edle bescheidene Walter" und „das rosige Mägdlein" Luise mit einem kleinen Knaben
als Anstandswauwau durch die Felder streifen:

Aber dem Jünglinge wallte das Herz vor banger Entzückung,
Als ihr rosiger Mund mit ätherischem Odem die Wang' ihm
Warm anhaucht'; und er wandte sich sanft und küßte das
                                                    Mägdlein.
Leise bebt' ihr die Lipp', und wandte sich; aber ihr Antliz
Lächelte, hold verschämt, wie ein Frühlingsmorgen erröthend.
Und sie entschlüpfte dem Arm, und brach ein unscheinbares
                                                    Blümchen
Seitwärts, stand in Gedanken, und schaut' es an, wie
                                                    bewundernd.
Plötzlich erscholl im Gebüsche die rufende Stimme des
                                                    Knaben:
Kommt doch, und pflückt Erdbeern! Hier stehen sie, röther
                                                    wie Scharlach!

Jubeln wollen wir alle vor Lust, wenn wir unseren Vorrath
Auch in die Kumm' ausschütten! Da wird der Vater sich
                                                    wundern!
Felderdbeern, die pflanzte der liebe Gott; und um vieles
Schmecken sie köstlicher noch, in Milch mit Zucker
                                                    bestreuet!

Ab 1780 beginnt es durchzuklingen, daß die Zeit für einen Wechsel naht. Familie Voß leidet im Winter zunehmend unter dem
häufigen windstillen Nebelwetter, bei dem die Bevölkerung
damals von Marschenfieber bedroht war, aber sie bleibt gesund,
im Sommer gärtnert der Rektor. Er schlägt andere Stellen aus,
weil sie keine Verbesserung bedeuten, doch die anfänglich so
gelobten Hadelner werden mit bissigen Kommentaren bedacht:

Ich habe mir auch einen Garten [...] gemietet, um selbst
Bohnen und Erbsen zu bauen, die hier sehr selten und theu-
er sind. Denn die Hadler mästen sich Jahraus Jahrein mit
Mehlklößen, wie die Truthähne, und einige reiche Landleute
(Bauren wollen sie nicht heißen) haben nicht einmal einen
Küchengarten. Die Klöße sind ungelogen so groß, als ein
Kindskopf, und deren genießt jede Person 2, und Fleisch [...]
obendrein. Gartengewächse sind nur Schlikerwerk. Ostern-
abend frißt jeder 20 Eier zur Vorkost.

Dann erkranken im Winter 1781/2 auch die Vossens am Fieber.
Monatelang hält es die Familie mit mittlerweile drei kleinen
Söhnen im Griff, Ernestine magert bis auf die Knochen ab, Fritz,
der älteste, erleidet einen Rückfall nach dem andern. Als der Ent-
schluß reift, aus Otterndorf fortzugehen, entsteht die Ode
„An den Wind":

Großmächtigster und Gnädigster!
Patronus der Gelehrten,
Die gleich dir, Lüftereiniger,
Viel blauen Dunst verstörten:
Neig', edler Wind, dein hohes Ohr
Aus deiner Felsengrott' hervor,
Und horche dem Geklimper
von einem armen Stümper!

Zur Elbe rauscht, von Eis befreit,
Die torfgefärbte Mäme,
Und in die lockern Beete streut
Der Gärtner sein Gesäme:
Doch dicker fauler Nebelduft
Vergiftet uns die Frühlingsluft,
Und hängt in blanken Perlen
An meines Ufers Erlen.

Vergebens trink' ich Bergster Bier,
Und schmauche Judenknaster;
Die Wettergrillen tödtet hier
Kein Pulver, Trank noch Pflaster.
Mit kläglicher Geberde fleht
Die Windmühl, weil kein Lüftchen weht;
Und, mit Respekt zu sagen,
Die Schweine selbst wehklagen.

Und ach! Bei solchem Weg karjolt
Kein Fuhrmann aus dem Orte,
Der uns ein wenig Wasser holt,
Für Geld und gute Worte!
Die eine Regentonne lechzt,
die andre stinkt; und alles ächzt:
Wir müssen noch verdursten,
In Hadeln und in Wursten!

Im Juni 1782 erfolgt der Umzug nach Eutin in Holstein, wo Voß
zwar das umständliche, von Standesgrenzen bestimmte Gesell-
schaftsleben mißfällt, die Familie aber ihr Auskommen findet
und bleibt, bis Voß 1802 endlich als Privatgelehrter nach Jena
und von dort nach Heidelberg gehen kann, wo er bis an sein
Ende lebt.

Im Hafen erledigen riesige Kräne die Arbeit, für die einst Tausende von Schauer-
leuten gebraucht wurden

1798 reiste Dorothy Wordsworth mit ihrem Bruder William und dem befreundeten Dichterkollegen Samuel Coleridge die Elbe hinauf nach Hamburg und fuhr von dort über Land weiter in den Harz. Sie schilderte ihre Eindrücke in einem fragmentarisch erhaltenen Tagebuch und führt uns so hinein in die Hafenstadt Hamburg:

Vor dem Ankerlichten wies man mir eine Kabine an, die ich erst verließ, als wir Dienstag morgen um 10 Uhr im stillen Wasser der Elbmündung waren. Ich war, als ich an Deck kam, überrascht, daß wir die Ufer nicht sehen konnten, obgleich wir im Fluß waren. Mir schien es wie ein stilles Meer, aber ach! die sanfte Brise und das sachte Schaukeln! Der Gedanke, abends wieder in die Kabine zu müssen, machte mich schaudern. Als wir uns Cuxhaven näherten, schienen die Ufer flach und niedrig und spärlich besiedelt; hier und da ein Bauernhaus, weidendes Vieh, Heuhaufen, eine Kate, eine Windmühle. Bei Cuxhaven, einem häßlichen, rußgeschwärzten Ort, lagen einige Schiffe vor Anker; wir entließen einen Teil unserer Mannschaft und fuhren den Fluß weiter hinauf.
Zwischen 6 und 7 warfen wir Anker. Der Mond schien auf das Wasser. An den Ufern leuchtete hier und da ein Licht aus den Häusern. Nicht weit von uns andere Schiffe vor Anker. Wir tranken im Mondlicht an Deck Tee [...] Um 4 Uhr morgens wurden wir durch das Ankerhieven geweckt, und bis 7 freute ich mich im Halbschlaf an der Vorstellung, daß wir uns Hamburg näherten; aber wie bitterlich wurden wir enttäuscht, als man uns sagte, es liege dichter Nebel und wir könnten nicht weitersegeln, bis er sich gelichtet habe. Ich ging an Deck. Die Luft war kalt und feucht, das Deck triefend naß, die Ufer verborgen, keine

Hoffnung auf klares Wetter. Doch gegen 10 kam die Sonne, und wir sahen die grünen Ufer. Es wurde ganz klar, und wir setzten Segel. Zur Rechten sah man zahlreiche Kirchen mit roten, blauen, zuweilen grünen Türmen, mit Stroh oder Ziegeln gedeckte Häuser, meist von niedrigen Bäumen umgeben. Eine schöne, flache, grüne Insel, Häuser und Wald. Als wir weiter fuhren, wurde das linke Flußufer interessanter. Das dänische Holstein. Die Häuser warm und gemütlich, von Bäumen geschützt und sauber gestrichen. Blankenese, ein über drei Hügel verstreutes Dorf oder Städtchen, um die Häuser bewaldet, darunter jähe Steilhänge; die Häuser halb hinter den niedrigen Bäumen verborgen, halb zwischen ihnen eingezwängt. Zu den kahlen Füßen der Blankeneser Hänge liegen Schiffe mit bloßen Masten. Mehr und mehr Häuser zeigen sich, als wir uns Hamburg nähern, die Ufer der Elbe werden steiler. Einige Herrenhäuser im englischen Stil. Die Türme von Altona und Hamburg sind schon eine ganze Zeit zu sehen. In Altona stiegen wir um in ein Boot und ließen uns durch die engen Wasserwege der Elbe rudern, in denen die Schiffe aus aller Herren Ländern dicht gedrängt lagen. Wir landeten am Baumhause, wo Gepäckträger uns empfingen, bereit, unsere Koffer in jeden beliebigen Teil der Stadt zu schaffen.

In Hamburg leidet Frau Wordsworth unter Kopfschmerzen. Vieles erscheint ihr schmutzig und dürftig – und teuer. Hamburger Händler sind auf Betrug aus, man muß ständig auf der Hut sein. Frauen und Juden werden von Männern mit Stöcken verprügelt, ohne daß die Umstehenden reagieren. Aber es gibt auch einiges, was ihr Gefallen findet:

Donnerstag, den 20. Mögen die Häuser noch so schmutzig sein, so konnte ich doch nicht umhin zu beobachten, daß die Frauen der unteren Schichten im allgemeinen viel reinlicher wirken als ihresgleichen in England. Das ist mir beim ersten

Blick aufgefallen, und alle Beobachtungen seitdem bestätigen diesen Eindruck.

Mittwoch, den 26. Mit Herrn Klopstock zu Mittag gegessen. Hatten das Vergnügen, seinen Bruder, den Dichter, kennenzulernen, einen ehrwürdigen alten Herrn, der sich die Lebendigkeit und Wachheit eines jungen Mannes erhalten hat, obwohl seine Beine schrecklich geschwollen sind und er bereits mit einem Fuß im Grabe zu stehen scheint. [...] Er unterhielt sich den ganzen Nachmittag hindurch angeregt mit William. Der arme alte Mann! Ich konnte diesen Wohltäter seines Landes, den Vater der deutschen Dichtung, nicht ansehen, ohne von tiefster Rührung überwältigt zu sein.

Die Wordsworths erobern die Stadt und ihre Umgebung zu Fuß auf ausgedehnten Spaziergängen, entlang Routen, die damals ganz neu erschlossen und bebaut waren und auf denen sich die Hamburger bis heute sonn- und feiertags die Füße vertreten, allerdings ohne daß sich die Stadttore um sechs Uhr abends schlössen und man von Altona nicht mehr zurück nach Hamburg käme. Seit 1888 ist der Zoll zwischen den beiden Städten abgeschafft. Ausgehend vom Deichtormarkt gelangt man auf der Hafenpromenade über die Landungsbrücken ungehindert nach Neumühlen und Övelgönne und von dort auf der Elbuferpromenade über Teufelsbrück nach Blankenese und weiter bis ans Falkensteiner Ufer und nach Wedel. Wie früher sind große Teile der Uferzonen und von Blankenese nur auf Fußwegen zu erreichen. Und anders als vor zweihundert Jahren können Sie auf dem Rückweg die S-Bahn nehmen. Das gäbe Ihnen Zeit für die Lektüre, und Sie könnten sehen, ob Sie die Gegenden wiedererkennen, von denen Dorothy Wordsworth schreibt:

Sonntag, den 23. Die Spazierwege zwischen Hamburg und Altona sind sehr anmutig. Eine große, baumbestandene Platzanlage, von Kieselwegen durchschnitten. Musik, Kuchen, Obst, Wagen, Fußgänger jeglicher Art. Ein sehr schö-

ner Blick auf den Schiffsverkehr, Altona und die Türme
Hamburgs. Ich mußte mir eingestehen, wie sehr die Aussicht gelitten hätte, wenn sich darüber ein englischer Himmel voll Kohlenrauch gewölbt hätte. [...]
Bei Hamburg teilt sich die Elbe in so viele Arme, die das
weite Tal durchströmen, daß man eher meint, eine Ebene
vor sich zu haben, welche von schweren Regenfällen über-
schwemmt ist, als das Bett eines großen Flusses. Wir sind
ungefähr anderthalb Meilen über Altona hinaus gelaufen:
die Straßen sind trocken und sandig, mit einem erhöhten
Fußweg ausgestattet. Die Häuser am Elbufer, vornehmlich
aus Backstein, wirkten sehr warm und solide gebaut. Einige
Herrenhäuser waren aus weißem Stein und im englischen
Stil gehalten. Die bescheidenen Katen scheinen mit kleinen
Gärten ausgestattet zu sein, und alle Herrenhäuser waren
von Gärten mit kuriosen Beeten zwischen zahllosen verschlungenen Kieselwegen und Trauerweiden umgeben. Der
Anblick der Elbe und des weiten Landes muß bei Sonnen-
untergang sehr schön sein.

Sonntag, den 30. William und ich brachen um 1/2 12 auf,
mit der Absicht, nach Blankenese zu gehen. Ein schöner,
aber sehr windiger Morgen [...] Wir liefen bis zu einem
hübschen Dörfchen, einer Häusergruppe, etwa eine Meile
vor Blankenese, und weiter in ein weites, offenes Gelände,
das auf einer Seite von Eichen gesäumt ist und durch das
sich ein anmutiger Kieselweg windet. Die andere Seite ist
zum Fluß hin offen. Dort aßen wir unter den Bäumen und
lenkten unsere Schritte danach heimwärts. Etwa 1 1/2 Meilen vor Altona verließen wir die Straße und stiegen zum
Fluß hinunter, wo wir den Weg nahmen, der von Haus zu
Haus führt. Diese Häuser sind niedrig, niemals mehr als
zwei Stockwerke hoch, aus Backstein oder einer Kombina-
tion aus Backstein und Holz und mit Stroh oder Ziegeln
gedeckt. Alle haben Fensterläden, häufig in freundlichem
Hellgrün, aber immer angestrichen. Wir staunten über die

auffallende Sauberkeit und Ordnung der Einrichtung dieser Häuser. Vor jedem Fenster hängen schneeweiße Gardinen; alle Fußböden, die wir sahen, waren sauber und die Messinggefäße blitzblank geputzt.[...] Es tut mir leid, hinzufügen zu müssen, daß es, obwohl draußen alles so wohlgefällig aussieht und drinnen alles so sauber und ordentlich wirkt, überall so widerlich riecht, daß man nur mit größten Ekel an diesen Häusern vorübergeht. Wir nahmen einen Weg, der uns näher an den Fluß führte, und gingen über den Sand bis nach Altona. Zwischen Altona und Hamburg waren viele Menschen zu Fuß und zu Pferd unterwegs. Ein kleines Mädchen von ungefähr acht Jahren, gut gekleidet, hob auf der Wiese, über die alles läuft, vor aller Augen die Röcke und blieb seelenruhig sitzen, bis sie ihr Geschäft verrichtet hatte. Die Gerüche, denen man infolge solcher Handlungsweise allenthalben begegnet, sind grauenvoll.

Soviel zur guten alten Zeit am Hamburger Elbgestade. Wer sich noch ein wenig länger in der Atmosphäre der Vergangenheit aufhalten möchte, dem seien Petra Oelkers historische Krimis *Tod am Zollhaus* und *Der Sommer des Kometen* empfohlen, oder der Museumshafen in Övelgönne: malerische alte Schiffe in einem kleinen Hafenbecken vor der Kulisse des Industriehafens, an dessen Rand sich hervorragend im Freien frühstücken oder Kaffee trinken läßt. (Und wo auf dem Parkplatz an dem damals gerade noch nicht fertiggestellten Altersheim Augustinum, das jetzt an der Stelle des Neumühlener Kühlhauses steht, die entscheidende Szene von Regula Venskes köstlichem Hamburg-Krimi *Schief gewickelt* spielt.) Eine sehr gute Einführung in die Regionalgeschichte bieten auch das Vierländer Freilichtmuseum in Curslack, das Altonaer Museum und das Museum für Hamburgische Geschichte. Vom alten Hamburg selbst lassen sich nur noch Kleinstspuren entdecken. Der Brand von 1842, die Sanierungen zum Bau der Speicherstadt 1882, bei der 20 000 Bewohner weichen mußten, und schließlich die Brände von 1943 haben so gut wie alles ausgelöscht. Am Krayenkamp unweit der St. Michaelis-

Kirche, Wahrzeichen der Stadt und Michel genannt, liegen die Krameramtswohnungen und -stuben als letzte Beispiele einst häufiger, enger Hofbebauung. Und in der Deichstraße am Nikolaifleet steht noch eine Reihe althamburgischer Häuser, gerade so viele, daß man ein historisches Foto schießen kann. Dort liegt neben einigen renommierten Restaurants – man speist über dem Fleet – auch Feddersen, ein nach außen hin kleiner Ausstatter für Hafenarbeiter, Fischer und Segler, bei dem es nur Echtes, Robustes gibt und wo das Einkaufen mit einer wohltuenden Prise Hamburger Schnodderigkeit gewürzt wird. Lassen Sie sich dort doch einmal erzählen, warum es lange keine Buscherumps mehr gab, oder sollte es beim derzeitigen Trend zum Regionalen der Fall sein, warum es nach vielen Jahren doch wieder welche gibt. Erhalten ist das Bild der vielen Fleete und Brücken, das seit eh und je die Altstadt prägt, aber angesichts des Straßenlärms und der stillen Gewässer fällt es schwer sich vorzustellen, daß die Versorgung Hamburgs bis zur Mitte des 19. Jahrhunderts in erster Linie vom Wasser her erfolgte, über die Fleete als die eigentlichen Verkehrswege.

Bei Nebel und ungünstiger Tide konnte die Fahrt die Elbe hinauf nach Hamburg früher durchaus zwei Tage dauern. Heute geht es mit der Autofähre Prinz Hamlet in 24 Stunden nach Harwich, und die neuen Elbe-City-Jets bringen Sie in 45 Minuten von Stade oder in zwei Stunden von Cuxhaven in die Stadt. Mit einem guten alten Hapag-Dampfer braucht die Reise gut doppelt so lange; dafür kann man an Deck sitzen und sich fühlen wie auf großer Fahrt.

An der Nordseite, wo es zur Stadt hin hügelig wird, hat sich abgesehen von einigen Industrieanlagen das Bild eher behutsam gewandelt. Ernst Barlach würde das Ufer vor Wedel noch wiedererkennen, an dem er als junger Mann herumstromerte. Sein expressionistischer Roman über die Selbstfindung eines jungen Mannes, *Seespeck*, der in Wedel und Umgebung spielt, macht allerdings deutlich, daß der Ort selbst damals viel dörflicher war und eher ein Flecken in der Natur ringsum, als daß die Natur das schwer zu findende Besondere war. Wer von einem Ort zum andern kommen wollte, war meistens auf die eigene Kraft angewiesen, auf die Beine oder, auf dem Wasser, auf die Arme zum Rudern. Und war dann allein der Größe der Natur ausgesetzt, wie bei dieser Ruderfahrt über die Elbe bei Nacht:

Wenn er durch diese Winterschauer herüberruderte, stak des Halbmondes blankes Beil im Himmel fest und nicht weit davon, wunderlich groß, wie ein Mondjunges anzusehen, der Abendplanet. Eisschollen stießen gegen den Bord, und das ziehende Wasser schauderte wie das Leben selbst in Winterkälte. Daraus zog der Mond mit durchdringendem leisem Tasten und dem Kitzeln dünner Strahlen gespensterhaftes Leben hervor, Jenseitsgefunkel. Aber das alles verfloß vor Seespecks Gedanken, denn grade gegen Osten, auf den steigenden Oron los, ging sein Kurs. Der Sternkaiser ragte schon über der weiten blanken Wüste, und nur der rechte Fuß war noch unterm Horizont. Sein himmeldurchstürmendes Drohen fuhr vor ihm majestätischer als je, und alles am Himmel stand starr im Reigenaufzug, streng eingeteilt nach Nord, Süd und Westen, angetreten zum Vollzug der allnächtlich großen Tanzfigur, deren ungeheuer langsamer Schwung den Orion bis drei Uhr nachts an den leeren Platz bringen sollte, den vor einer Stunde die Sonne verlassen hatte, und in welcher der Wagen den Himmel rückwärts empor über den Polarstern wegrollen und seine Deichsel, den großen Zeiger des Himmels nach dem heiligen Osten richten mußte, wo die Sonne wieder hervorkommt. Gegen den Orion ging die Fahrt und gegen die Ebbe und gegen den grausamen Wind, der wie schneidender Atem die Majestät vor ihm heranbläst. Wie hinter den Sternen hervor klang das Schreien unsichtbar fliegender wilder Gänse, Stimmen wie stoßweis erpreßt vom Anprall querfliegender Baßnoten. Dann murmelte Seespeck wohl, warm vom Rudern, vor sich hin: Die kalte Herrlichkeit der Orion-Nacht bekleidet den Mechanismus desUltra-Begreiflichen, wer aber schaut und staunt, dem wird Schauen und Staunen und er sich selbst zur Unbegreiflichkeit.

Auch die Marsch vor Wedel ist Marsch geblieben, obwohl Emil von Schönaich-Carolath, der Schloß Haseldorf in der gleichnamigen Marsch um die Wende vom 19. zum 20. Jahrhundert für einige Jahre zu einem Refugium für alle machte, die als Dichter Rang und Namen hatten, vergeblich die Kopfweiden, das Reet und die Binsen suchen würde, die damals noch als Rohprodukte für das lokale Handwerk dienten. Das künstlerische Treiben auf Schloß Haseldorf muß eine Zeitlang dafür gesorgt haben, daß sich Männer wie Richard Dehmel, Rainer Maria Rilke, Börries von Münchhausen, Gustav Falke und der chronisch in Geldnöten steckende Detlev von Liliencron ständig auf dem Weg von und nach Wedel und Blankenese die Hand gaben. Man diskutierte, rezensierte einander und gab einander heraus. Und ging viel zu Fuß, über Strecken, die jetzt nur noch abschnittsweise schön sind. Allzu eintönig wird es auf die Dauer auf den hohen Deichen, und dahinter ist der Horizont beschränkt. Der schönste Ort am Nordufer ist und bleibt das einstige Fischerdorf Blankenese, dessen höchste Erhebung, der Baursberg, 92 Meter ü. d. M. aufragt. Auf dem Süllberg (85 m) liegt ein Ausflugslokal mit einem herrlichen Blick auf den Fluß. Im Sommer ist auch unten am Strand gut sein. Oder am Abend vor Ostern, wenn im Abstand von wenigen hundert Metern große Feuer brennen, das Wasser im Dunkeln an den Strand schleckt und sich halb Hamburg auf der Promenade drängt.

Die Südseite, oder das linkselbische Ufer, hat sich hingegen radikal verändert. Hier breitet sich seit der Industrialisierung unaufhaltsam der Hafen aus mit seinen Kais, Lagerschuppen, Docks und Werften, Containerterminals, Ölraffinerien und Fabrikanlagen. Auf einem Gelände, das früher vornehmlich aus flachen Inseln bestand. Östlich von Hamburg teilt sich der Strom in Norder- und Süderelbe und eine Reihe von (heute größtenteils toten) Seitenarmen, so daß ein 18 Kilometer langes, sieben Kilometer breites Oval mit vielen Marsch- und Sandinseln entsteht. Der sandige Boden dieses Stromspaltungsgebiets hat offenbar schon früh tatkräftige Gemüter zu Eingriffen gereizt. Richard Linde schreibt über die begünstigte Lage des Hamburger Hafens:

„Es ist ein Irrtum zu glauben, daß hier die Natur freiwillig ihre Gaben gespendet habe: Es ist der Ruhm der Hamburger, daß sie durch planvolle Durchstiche des Stromadergeflechts in jahrhundertelanger Bemühung – 1288, 1550, 1570, 1604, 1878 – nicht nur den Elbstrom, der früher eine kleine Wegstunde entfernt war, sondern auch den eigentlichen Tiefstrom, der unweit Harburg im verwilderten Bett seine Wogen wälzte, unmittelbar an die Mauern ihrer Stadt zwangen. Das heutige Strombett, sowie sämtliche Häfen sind künstlich." Genauso ist es weitergegangen. Durch den Bau erst der Eisenbahn- und anschließend der Straßenbrücken über die Norder- und die Süderelbe wurde festgelegt, wie weit Seeschiffe mit ihren hohen Aufbauten flußaufwärts vordringen können. An den Elbbrücken scheidet die Hafenbehörde den Fluß in Ober- und Unterelbe, östlich von ihnen liegen die Binnenschiffahrtshäfen. Durch die ständige Ausbaggerung der Fahrrinne sind Abermillionen Tonnen Sand angefallen und über Pipelines auf dafür vorgesehene Flächen gepumpt worden, bis diese über die Jahrzehnte drei, vier Meter an Niveau gewonnen hatten und nach der Austrocknung neuen Nutzungen zugeführt wurden.

Da konnte es einem gehen wie meiner Tante Lieschen, die, 1911 geboren, 79 Jahre im selben Haus wohnte und einen dauernd wechselnden Ausblick genoß. Bis zum Zweiten Weltkrieg schaute sie von ihrer Wohnung auf halber Höhe am Geesthang auf einen kleinen Fachwerkbahnhof im Tal und dahinter auf die Billewiesen, die im Frühjahr blühten und im Winter unter Wasser standen, so daß man meilenweit Schlittschuh laufen konnte. Nach und nach siedelte sich Industrie an. Die Berliner Straße vor der Tür wurde geschäftiger und dann zu klein, gleich daneben wurde eine Schnellstraße angelegt, die mittlerweile zur Stadtautobahn ausgebaut ist, mit Lärmschutzwällen versehen, auf denen sich die Kaninchen tummeln und die den Blick auf alles dahinter verdecken. Was nicht schade ist, weil auf der anderen Seite, schräg gegenüber, ein Spülfeld aufgeschüttet worden ist. Von dem hieß es zuerst, dort solle nach Fertigstellung, wegen der Nähe zum Erholungsgebiet Boberger Sanddünen, ein Freizeitpark entstehen. Dann war jedoch jahrzehntelang jedes Betreten verboten. Arsen, munkelten die Anwohner. Wissen tat es keiner so genau. Auf dem Niemandsland wucherten die Erlen. Rundherum die Gräben stanken, die Fabriken verfielen. Was bleibt, ist häßlichste Industriebrache, ein paar Wohnsilos, ein paar armselige Existenzmöglichkeiten für Abseitige.

Ähnliches ließe sich überall erzählen, wo der Hafen an moderne Ansprüche angepaßt wurde. Besonders dramatisch war die Entwicklung am westlichen Ende, in Finkenwerder und Waltershof, den heutigen, von riesigen Industrieanlagen umgebenen Container- und Petroleumhäfen, die man auf der A7 zum Neuen Elbtunnel hin durchquert oder über die hohe Köhlbrandbrücke vom Freihafen her erreicht. Waltershof und Finkenwerder waren Inseln im Stromspaltungsgebiet, bis die Süderelbe nach der Sturmflut von 1962 abgedeicht und über den Köhlbrand in die Norderelbe umgeleitet wurde. Auf Finkenwerder lag das größte Fischerdorf der Niederelbe, die Fischer galten als die mutigsten, tüchtigsten der Gegend, durch die großstadtnahe Lage war ihr Auskommen lange mehr als gesichert. Finkenwerder war ein stolzer Name, um den sich jede Menge Mythen rankten, in der insularen Abgeschiedenheit konnte sich das Volksleben trotz der Nähe zur Großstadt lange in seiner Ursprünglichkeit erhalten. Anfang des zwanzigsten Jahrhunderts begann sich jedoch abzuzeichnen, daß die alte Kultur vor dem Untergang stand. Der technische Fortschritt war auch ins Fischereigewerbe eingezogen und damit die wirtschaftlichen Schwierigkeiten für alle, die selbständig bleiben wollten. Die Stadt Hamburg versuchte, einerseits aus Eigeninteresse, andererseits aus Verantwortung den Finkenwerder Seefischern gegenüber, durch den Bau des großen Fischmarkts in Cuxhaven zur Übersiedlung an die Mündung anzuregen. Die Bevölkerung reagierte mit Bitterkeit und blieb – zunächst. Mittlerweile hat sie weichen müssen. Zwischen den Raffinerien und den Start- und Landebahnen der Deutschen Airbus AG sind nur noch spärliche Reste des alten Finkenwerder zu finden. Finkenwerder Schollen und die riesigen Finkenwerde-Walnüsse haben einen Beigeschmack von Nostalgie.

Die Zeit des ersten Niedergangs hat nacheinander zwei Schriftsteller hervorgebracht, die es zu ihrer Sache machten, dem traditionellen Leben der Finkenwerder daheim und auf See ein lebendiges Denkmal zu setzen: die Gebrüder Kinau. Hans, der 1880 geborene ältere Bruder, ging als junger Mann nach Hamburg, wo er mit seinen unter dem Pseudonym Gorch Fock veröffentlichten Büchern große Erfolge feierte. Er kam 1916 bei der Seeschlacht vor dem Skagerrak ums Leben und wurde nach seinem Tod als idealtypischer Finkenwerder verherrlicht: aufrecht und mutig bis zum letzten. Sein Name dürfte der Nachwelt in erster Linie durch das 1958 in den Dienst gestellte, nach ihm benannte Segelschulschiff der Bundesmarine geläufig sein. Er schrieb neben plattdeutschen Erzählungen und Dramen zunehmend hochdeutsch, sein bekanntester Roman *Seefahrt ist not* und die Anthologie *Gorch Fock erzählt von Finkenwerder, von der Elbe und der Nordsee* sind bis heute im Handel. Der eigentliche Schwarm der Norddeutschen ist allerdings sein Bruder. Rudolf Kinau wurde 1887 geboren und blieb Finkenwerder zeitlebens treu. Als er dort 1975 starb, war er zum Inbegriff plattdeutschen Erzählens geworden. Auch er schrieb Dramen und Romane, aber berühmt geworden sind seine kurzen Geschichten, deren mal lakonischer, mal warmherziger Humor, Innigkeit und Menschenkenntnis nur dem zugänglich sind, der plattdeutsch lesen kann (die Bücher sind durchaus noch im Handel). Kinau trug seine Geschichten häufig öffentlich und im Rundfunk vor, ältere Hamburger haben seinen Ton noch deutlich im Ohr. Durch ihn erinnert man sich vor allem an das Dorfleben, dessen harte oder ungerechte Seiten er zum Gegenstand seines Nachdenkens macht, während es ihm eigentlich um Daseinslust und die Kunst der Zugehörigkeit geht.

Mögen Sie Ihr Plattdeutsch ausprobieren? Hier die Beschreibung eines Sommertags auf der Elbe (de Ilw) bei Finkenwerder:

Sommer un Sünnschien, keen Wulk an 'n Heben, de Ilw so blank as 'n Spiegel. Un up Swiensand allns so still as wenn doar goarkeen Leben up wür. Un doch güng af un an mol ganz sinnig son Bebern dör de Büsch un dör 't Reet, – week un warm fichel de Wind öber dat lütt Eiland hin un streek de poar Bloomen öber 'n Kopp, – un verleep sick wedder up 't Woter. He much ook ne arbeidn, he wür sülben een van de Fulsten, ober sick ganz un goar hinleggen un slopen, dat döß he jo ne, – denn vergeet he dat Luftholn.

Das ist nicht anders geworden, nur rarer. Wo es noch Inseln gibt, hat sommerliche Trägheit in der Weite des Flusses ihre eigene Note, wenn der Wind nur fast einschläft, der Fluß in der Stauzeit stillzustehen scheint und der Himmel von einem Blau ist, auf das man oft lange warten muß.

Weiter nach Hamburg hinein weicht die Natur. Der Fluß ist nur noch Wasserstraße. Colabraun ist hier schon fast eine schmeichelhafte Bezeichnung. Es ist wie Wolfgang Borchert sagt: „Und die Elbe? Die stinkt. Stinkt wie eben das Abwaschwasser einer Großstadt stinkt: nach Kartoffelschale, Seife, Blumenvasenwasser, Steckrüben, Nachttöpfen, Chlor, Bier und nach Fisch und nach Rattendreck. Danach stinkt sie, die Elbe." Mit den grauen Pontons, den schwimmenden, schwankenden Anlegern, die sich der Tide anpassen, den schmutzig bräunlich roten Ziegelbauten, den düster aufragenden Kränen der Werften und den klotzigen Trockendocks jenseits des trüben Wassers bietet die Hafenmeile alltags ein Bild großstädtischer Häßlichkeit, die sich als Kulisse für jeden Horror denken läßt. Hier, in der Gegend des Fischmarkts, lassen Harry Rowohlt und Peter Schössow ihren Kater Robinson ein grausiges Schicksal erleiden, einsam, abgerissen, ohne Lichtblick. Und ein Stückchen weiter stadteinwärts, an einer Kaimauer im Freihafen, beginnt der erste Teil von Hans Henny Jahnns düsterer Trilogie *Fluß ohne Ufer*, „Das Holzschiff", in kafkaesker Atmosphäre: Wie aus dem Nebel ist das Schiff erschienen und weckt zunächst die Bewunderung, dann, als es länger als üblich liegt, als die Mannschaft entlassen wird und nur „der Reeder" allabendlich allein an Bord hockt, den Argwohn der beobachtenden Zollbeamten. Je nach Stimmung fühlen diese sich entweder im Einklang mit der Macht: „Sie hatten ja

Verbindung zu den oberen Stellen, und es konnte an diesem Kai nichts geschehen, was nicht ihre volle Billigung gefunden; oder ihrer eigenen Verantwortung überlassen: „Und die höheren Stellen, man wußte es schon, schuldeten den unteren keine Rechenschaft." Sie müssen also selber auf der Hut sein:

Als der Reeder bei später Stunde das Schiff verließ, trat einer der Zöllner an ihn heran, fragte mit warmem Tonfall, aber doch bestimmt:
„Haben Sie verzollbare Gegenstände bei sich, Herr –"
„Nein", antwortete der Reeder.
„Hier handelt es sich nicht um einen Verdacht. Es ist nur eine Frage", sagte der Zöllner, „von amtswegen."
„Ich begreife", gab der Reeder zurück; „noch sonst etwas im Wege?"
Dem Beamten ging die Kehle zu. Er fühlte sich überlistet, geradezu blamiert.
„Mein Kollege", sagte er, „mein Kollege hat noch etwas auf dem Herzen."
Damit war für ihn das ungemütliche Gespräch zuende. Er hatte seine Pflicht erfüllt. Man konnte ihn nicht beschuldigen, was auch immer in der Dunkelheit unbekannter Beschlüsse und Vorgänge verborgen sein mochte.
„Was gibt's", fragte der Reeder den zweiten, „suchen Sie Opium bei mir oder Kokain? Das Schiff tut Ihnen wohl in den Augen weh? So etwas sieht man nicht alle Tage. Hat sich meine Mannschaft übel aufgeführt? Haben Sie Grund, sich zu beklagen?"
„Durchaus nicht", stammelte der mit so viel Fragen Überfallene.
„Na also", sagte der Reeder, „ich werde doch wohl anbord meines eigenen Schiffes gehen können? Den Burschen einige Päckchen Tabak bringen? Man muß sich die Zeit vertreiben. Die Abende werden lang. Man kann seinen Punsch im Hause trinken. Oder sonstwo. Man kann sich auch freuen, ein Schiff zu besitzen. Habe ich recht?"

„Es ist nichts zu antworten", sagte der zweite Zöllner.

„Ich bin ziemlich allein", sagte der Reeder, „unverheiratet."
Er wischte das Gespräch mit einer Handbewegung fort.
Er griff nach seiner Brieftasche, zog zwei Scheine heraus,
winkte den ersten Beamten heran.

„Halten Sie ein Auge auf die beiden Matrosen", sagte er,
gab jedem der beiden einen Geldschein, eilte davon.

Die Zöllner fühlten sich ins Vertrauen gezogen. Sie durften
ihr Herz entdecken und sehr menschlich denken. Nicht alle
Unordnungen münden in Verbrechen aus. Die Stunden sind
verschieden, und die Seelen der Menschen gleichen einander nicht. Das Absonderliche ist nur ein Schein, der nach
außen dringt. Im Innern ist bei allem Geschöpf die gleiche
warme Finsternis.

Jahnn schrieb den Roman auf Bornholm, wo er von 1934 bis
1945 überwinterte. Das an einem Hamburger Kai angesiedelte
Stimmungsbild trifft gewiß typisch hamburgische Ausformun-
gen der möglichen Schrecken moderner Anonymität. Hier stehen sich traditionell weniger der kleine Mann und eine undurchlässige Obrigkeit gegenüber, als daß im gesellschaftlichen Zusammenleben ein bestimmter Bürger- und Gemeinsinn
herrscht, eine Art verordnete Vernunft, die suggeriert, daß,
wenn nur alle an einem Strang ziehen, die Karre gar nicht erst in
den Dreck muß. Natürlich nützen die so gebundenen Kräfte den
einen mehr als den anderen, natürlich wird gezielt ausgeschlos-
sen, und die Durchlässigkeit erweist sich allzuoft als Täuschung.
Dennoch ist nicht von der Hand zu weisen, daß sich in diesem
Klima vieles machen läßt und daß die Hamburger mit einer
Selbstverständlichkeit Anspruch auf Freiheiten erheben, die in
vielen Orten der Republik ihresgleichen sucht. Das hat schon
was. Und wo es nicht zu einer neuen Form von Dünkel führt,
trägt es vielleicht zu einem ganz sympathischen Heimatstolz bei.

Wer sich hier heimisch fühlt, was immer das über die eigene
Rolle in der Stadt sagt, mag die Hafengegend meist. Graubraune

Schmuddeligkeit kann auch ganz anziehend sein, und es muß nicht Sonnenschein und Hafengeburtstag sein, damit es einen ans Wasser zieht. Hubert Fichtes Jäcki aus dem Roman *Die Palette* zum Beispiel trabt durch den Freihafen, wenn er einen freien Kopf bekommen will, und unzählige Hamburger ziehen sich Silvester warm an, vergraben die Hände tief in den Taschen, verstecken das Gesicht halb im Schal und drängen sich todesmutig am Wasser, um das mitternächtliche Feuerwerk samt tutenden Ozeanriesen, wasserspeienden Feuerwehrschiffen und umhersausenden Schleppern zu erleben. Ein grandioses Spektakel ist das. (Übrigens auch von einem der vielen Restaurants mit guter Aussicht aus, mit Reservierung, versteht sich.)

Deshalb fährt Wolfgang Borchert in dem oben begonnenen, unmittelbar nach der Heimkehr ins kriegszerstörte Hamburg geschriebenen Text zu Recht fort:

Aber die sie lieben, die weit weg sind und sich sehnen, die
sagen: Sie riecht. Nach Leben riecht sie. Nach Heimat hier
auf der verlorenen Kugel. Nach Deutschland. Ach, und sie
riecht nach Hamburg und nach der ganz großen Welt. Und
sie sagen: Elbe. Sie sagen das weich und wehmütig und
wollüstig, wie man einen Mädchennamen sagt. So: Elbe!

Man kann Borchert keine Romantisierung der Elbe nachsagen. Sie ist auch der Fluß, der in den „grauen Zeiten" des Nachkriegs die Leichen der mutlos Gewordenen anschwemmt, der den fünfundzwanzigjährigen Heimkehrer Beckmann in seinem Drama *Draußen vor der Tür* wieder ausspuckt, weil er es bei aller berechtigten Verzweiflung noch einmal versuchen soll. Das, wozu Borchert sich in seinen drei Hamburg-Geschichten „Hamburg", „Billbrook" und „Die Elbe: Blick von Blankenese" durcharbeitet, ist Liebe – und sehr lesenswert:

Wir stehen auf den abendlichen schaukelnden Pontons und
fühlen das Schweigen, den Friedhof fühlen wir und denTod –
aber tief in uns hören wir wieder das Gewitter, das Gedon-

ner und Gedröhn der Werften. Tief in uns fühlen wir das Leben – und das Schweigen über dem Strom wird wieder platzen, wie eine Lüge, von dem Lärm, von der Lust des lauten Lebens! Das fühlen wir – tief in uns abends auf den flüsternden Pontons.

Elbe, stadtstinkende kaiklatschende schilfschaukelnde sandsabbelnde möwenmützige graugrüne große gute Elbe!

Links Hamburg, rechts die Nordsee, vorn Finkenwerder und hinten bald Dänemark. Um uns Blankenese. Über uns der Himmel. Unter uns die Elbe. Und wir: Mitten drin!

„Gehend also durch klein-große Unscheinbarkeit"

Die Reise von Hamburg
nach Tangermünde

Wie aus einer anderen Zeit liegt die einstige Kaiserresidenz am Fluß: die alte Backsteinstadt Tangermünde

Bald hinter Hamburg ist es aus mit der Betriebsamkeit. An die meistbefahrene Schiffahrtsstraße der Welt erinnert nichts mehr. Kurz hinter der Staustufe in Geesthacht, dem Ort, wo Alfred Nobel 1865 die zweite Produktionsstätte zur Herstellung von Nitroglyzerin ansiedelte und wo heute das Atomkraftwerk Krümmel für negative Schlagzeilen sorgt, mündet der Elbeseitenkanal in den Fluß, und auf ihm spielt sich, bis hin nach Magdeburg, der Binnenschiffahrtsverkehr ab. Gebaut wurde der Kanal, weil die Elbe zwischen Lauenburg und Magdeburg während des größten Teils des Jahres nicht mehr als zwei Meter tief ist, wobei die meisten Lastschiffe 2,50 Meter brauchen. In den sechziger Jahren erwog man deshalb, den Fluß über neun Staustufen zu regulieren, entschied sich aber zum Glück für den Kanal. Dieser zweigt bei Wolfsburg vom Mittellandkanal ab, das Gefälle wird durch eine Schachtschleuse bei Uelzen (23 m), das größte Schiffshebewerk der Welt bei Lüneburg (38 m) und die Staustufe in Geesthacht (4 m) ausgeglichen. Der Schiffsweg nach Magdeburg ist 33 Kilometer kürzer als auf der Elbe, so daß viele kleinere Schiffe den Kanal auch deshalb wählen.

Von Artlenburg an also ist die Elbe ein ruhiger, träger, breit dahinfließender Fluß. Linkselbisch hoch eingedeicht, rechts von bewaldeter Geest begrenzt, mit einem Wanderweg, der von Bergedorf nach Lauenburg führt, auf weiten Strecken durch herrliche Buchenwälder. Zur Fortbewegung auf dem Wasser empfehlen sich von hier an eher Paddel- als Segelboote. Im ehemaligen Grenzstädtchen Lauenburg mit der hübschen Unterstadt gibt es noch einmal eine Brücke. Dann beginnt, seit der Grenzöffnung mitten im Land, eines der wohl entlegensten Stücke Deutschlands. Und eine sehr hübsche Gegend. Sie ist auf beiden Seiten äußerst dünn besiedelt, wofür auf den ersten 90 Kilometern die einstige deutsch-deutsche Grenze verantwortlich ist. Diese verlief von Lauenburg bis Schnackenburg in der Flußmitte und knickte dann nach Süden ab, so daß von da an beide Elbufer „im Osten" lagen.

Das Wendland bildete zu DDR-Zeiten den äußersten Vorposten des Westens, von der Industrie gemieden, von der Regierung in Bonn als so abgelegen empfunden, daß man darauf verfiel, in Gorleben, an dem Zipfel der Elbgrenze, dessen Spitze von Schnackenburg gebildet wurde, das einzige atomare Endlager der Bundesrepublik einzurichten. (Eine Logik, die in der DDR nicht anders war: das Endlager Morsleben liegt ebenfalls direkt an der Grenze zur alten Bundesrepublik.) Ein wirtschaftlich rückständiges Gebiet, in dem der Wohlstand schon im 19. Jahrhundert mit dem Untergang des Flachswebergewerbes gelitten hatte. Mit einer kleinen, hochpolitisierten Insel des Fortschritts. Verschlafenes Bauernland und ein Feriengebiet am Rand der Lüneburger Heide, das heute zunehmend aufblüht. Grenztourismus hat sich in Naturtourismus gewandelt.

Die Mecklenburger Seite dagegen wurde systematisch entvölkert. Es ist schon seltsam, daß man nichts mehr von dem Metallgitterzaun sieht, der von Westen nur abstoßend war, von Osten aber so gründlich und grausam die Sicht versperrte. Ein Metallgitterzaun, das ist zum Beispiel im Festungsmuseum von Dömitz zu bewundern, hat nicht viel von der Transparenz herkömmlicher Gitter. Er sieht eher aus wie eine leicht gewellte Stahlplatte, die man regelmäßig eingeschlitzt hat, um sie ein wenig in die Länge zu ziehen. Die Draufsicht zeigt massiv eingefaßte, schmale Lichtrhomben. Die Welt dahinter ist verzerrt wie auf einem zu grob gerasterten Foto.

Aber lassen Sie mich von vorn anfangen. Der dichte Zaun wurde als letztes gezogen: Im Juli 1945 wird das östlich der Elbe gelegene, bis dahin zur Provinz Hannover gehörende Amt Neuhaus der sowjetischen Besatzungszone eingegliedert. Die Elbe bildet durchgehend die Grenze. Bald darauf richtet man eine 5-Kilometer-Zone ein. Wer nach dem 1. September 1945 zuzieht, darf sich nicht näher am Fluß ansiedeln. Dann wird ein 500 Meter breiter Uferstreifen zum Sperrgebiet erklärt, ab 1952 „Schutzstreifen" genannt. Die Bewohner werden in Listen erfaßt. Bei zwei Aktio-

nen – „Aktion Ungeziefer" im Mai 1952 und „Aktion Kornblu-
me" im Oktober 1961 – werden unliebsame Bürger zwangsum-
gesiedelt bzw. ausgewiesen. Die erste Aktion kommt völlig überraschend, ganze Familien müssen ihre Häuser binnen weniger
Minuten räumen und werden auf Lastwagen und Traktoranhän-
gern abtransportiert. Von 1952 an herrscht Passierscheinpflicht.
Verwandte ersten Grades dürfen zu hohen Familienfesten das
Besuchsrecht beantragen. Industrieanlagen im Sperrgebiet werden demontiert, auch solche wie das Ziegelwerk in Broda bei
Rüterberg, in dem 1922–24 die Klinkersteine für das Chilehaus
in Hamburg gebrannt wurden. Grenzsicherung ist wichtiger als
Abhilfe gegen die Wohnungsnot. Die zweite Welle, diesmal in
Form von Ausweisungen, erfolgt nach dem Mauerbau. Entlang
der Elbe wird erst ein Stacheldrahtzaun errichtet, ab 1967 ein
einreihiger, später ein zweireihiger Metallgitterzaun, bezogen
von der Firma Krupp, drei Meter hoch, mit Stacheldrahtaufbau
nebst Selbstschußanlagen. Dieser Hauptgrenzzaun wird noch
1988 für 1,4 Millionen Mark pro Kilometer perfektioniert. Zwei
Jahrzehnte lang können die verbliebenen Bewohner der Uferzone die Elbe kaum mehr sehen, geschweige denn erreichen.

Mit der Öffnung der Mauer im November 1989 begann sofort
ein reger Verkehr zwischen den beiden Elbufern. Zwischen vielen kleinen Orten wurde ein regelmäßiger Fährbetrieb eingerichtet, man kommt fast überall mit dem Auto von hüben nach drüben. Das Amt Neuhaus gehört wieder zu Niedersachsen. Und bei
Dömitz gibt es seit 1992 wieder eine Straßenverbindung über
den Fluß.

Beiderseits der ehemaligen Grenze ist ein Gebiet vierzig Jahre
lang weniger gewachsen als liegengeblieben. Vom Fortschritt
verschont. Ohne die Grenze wäre man womöglich doch auf die
Idee gekommen, die Elbe verkehrsgerecht zu begradigen und mit
Staustufen zu versehen, statt die Binnenschiffahrt über den
Elbeseitenkanal umzulenken, oder man hätte sich andere moderne Verbesserungen einfallen lassen. In diesen vierzig Jahren aber
hat die Zurückgebliebenheit eine sichtbare Qualität gewonnen,
gerade im Kontrast zu durchmodernisierten Flußlandschaften

andernorts. In den Auenwäldern und -wiesen und auf den Binnendünen im Elbe-Urstromtal haben sich Pflanzenarten gehalten, die sonst überall in Europa ausgestorben sind. Der Flußlauf ist zwar durch Buhnenverbau reguliert, überflutet jedoch noch regelmäßig große Flächen, auch in den warmen Jahreszeiten. Wiesen und Wälder stehen oft wochenlang unter Wasser, sie sind nur eingeschränkt vom Menschen zu nutzen. In diesen fast wild belassenen Gegenden können Zugvögel rasten, Störche und Kraniche finden Brutplätze, im Mecklenburgischen gibt es noch Fischadler. An den vielen kleinen Tümpeln rufen Unken, quaken Frösche und Kröten, sind seltene Libellen und Schmetterlinge zu Hause. Dörfer und Städtchen sehen im Kern noch vielfach so aus wie vor hundert Jahren, die Wachstumsringe drumherum sind verhältnismäßig klein. Am bestechendsten ist dies in Dömitz, wo die Nähe zur Elbe – die Stadt liegt zum großen Teil innerhalb des 500 Meter breiten Schutzstreifens – jedes Wachstum verhindert hat. Von der Uferseite hat man hier ein Stadtbild wie auf einem alten Stich: links die perfekten Zacken der roten Backsteinfestung, in der Mitte ein Eingang zur Stadt, rechts ein flacher, lindenbestandener Deich als Umfriedung.

In der Aufbruchzeit nach der Wende machten sich Kräfte sowohl für die radikale wirtschaftliche Erneuerung als auch für den Naturschutz stark. Die Gegend ist politisch stark polarisiert. Aber die Befürworter des Naturschutzes haben gewonnen. 1998 wurde in Niedersachsen der Nationalpark Elbtalaue gegründet, und zusätzlich wurde ein weit größeres Gebiet, das gesamte Elbufer von Boizenburg bis zur sächsischen Grenze (ein gutes Stück hinter Wittenberg), als Biosphärenreservat unter den Schutz der UNESCO gestellt. Reisende werden sich auf lange Zeit an dem altertümlichen Fluß freuen können, und es gibt endlich eine größere Region in Deutschland, wo die Entwicklung naturbewahrender Landwirtschaft offiziell gefördert werden soll.

Als Fortbewegungsart an diesem langen Elbabschnitt empfehle ich das Wandern. Entweder in der gemäßigten Form längerer

Fußmärsche in besonders ausgewiesenen Ecken, die man mit dem Auto erreicht, oder, viel schöner, als mehrtägiges Abenteuer zur Entdeckung der Langsamkeit. Mit Übernachtungen in kleinen Pensionen oder Heuhotels. Was es hier zu sehen gibt, erschlägt nicht unmittelbar durch Großartigkeit. Von jeder Anhöhe bietet sich ein ähnliches Bild, die Elbe als langes Band oder als langgezogene Schleife, dahinter unendlich weites plattes Land, zwischendurch ein paar bewaldete Höhenzüge. Prächtige, einzeln stehende Bäume. Hier und da ein kleiner Ort mit roten Backsteinhäusern, Gehöfte. Das ist schnell gesehen, natürlich am schönsten von den ausgewiesenen Aussichtspunkten. Den Aussichtsturm auf dem Kniepen-Berg (86 m) in der Klötzie zwischen Neu-Darchau und Hitzacker etwa sollte sich niemand entgehen lassen. Doch der Überblick vermittelt nur einen Aspekt von vielen. Das Besondere der Gegend ist nichts direkt Faßbares, aber etwas, das sich anreichert, von Storch zu Unke zu Karthäuser Nelke zu Rotem Milan. Für mich trennt schon Fahrradgeschwindigkeit zu sehr zwischen Fortbewegung, wo ich auf den Weg achte, und Pause, wo ich Sehenswertes oder „Natur" genieße. Radfahrer und Fußgänger sind sich jedoch in einem ähnlich: beide stehen lange an den Aussichtspunkten und erschließen sich aus der Vogelperspektive begeistert noch einmal die kleinteilig eroberte Gegend.

Von der Schönheit her ist es ziemlich gleich, für welche Seite der Elbe Sie sich entscheiden. Im Zweifelsfall sieht immer gerade die andere interessanter aus, dann wechseln Sie halt an jeder Fährstelle, nach dem Motto: Schön ist es auch anderswo, und hier bin ich sowieso. Wobei, wer länger zu Fuß geht, wahrscheinlich die ausgebauten Fahrradrouten meiden lernt, weil sie allzu breit gepflastert sind, weshalb es zu empfehlen ist, eine Karte mitzunehmen, die genau zwischen den verschiedenen Wegarten differenziert. Rechtselbisch läuft es sich außerdem gut auf den Deichen, obwohl sie nicht eigens als Wege gekennzeichnet sind. Dort muß man zwar alle Flußschleifen mitvollziehen, hat aber ununterbrochen einen Blick übers Wasser auf die sich allmählich wandelnde Landschaft.

Die Highlights elbeaufwärts: der historische Stadtkern von Boizenburg, Bleckede mit dem Elbtalhaus, Sitz des Natur- und Umweltzentrums für den Nationalpark Elbtalaue mit ausgezeichneten Ausstellungen über die Lebensräume des Elbtals einschließlich eines Kaltwasseraquariums, das einen Einblick in die Unterwasserwelt der Gegend bietet. Die große, noch aktive Wanderdüne bei Stixe auf der rechten Elbseite. Ein Muß ist Hitzacker mit dem nördlichsten Weinberg Deutschlands (oder der Welt), an dessen Fuß eine riesige, zum Tanzbaum zurechtgeschnittene Kastanie wächst. Barbara Bartos-Höppner beschreibt sie in der *Elbsaga:*

Die dreihundertfünfzigjährige Riesenkastanie erscheint mir auf den ersten Blick nicht gar so kurios. Ich habe schon eine tausendjährige Eibe gesehen. Diese Kastanie aber ist ein Tanzbaum gewesen, nicht etwa in irgendwelchen grauen Vorzeiten. Nein, bis um die Jahrhundertwende haben die Bürger von Hitzacker die untere Etage Brett an Brett zu einem Tanzboden ausgelegt. In der oberen Etage, ebenfalls Brett an Brett, saßen die Musikanten und spielten den Hitzackerern zum Tanz auf. Und wenn man sich das in einer blütenduftenden Mainacht vorstellt, in der alles prall voll von Leben war, beschienen von Kerzen, Fackeln und Laternen, dann muß es ein ungeheurer Zauber gewesen sein, sich mitten in diesem Baum zum Tanz zu drehen, umgeben von Grün und den steil aufgereckten Kastanienblüten.

Hitzackers Weinernte wird jeweils an einem Tag Anfang Oktober eingebracht, und bei dem gleichzeitig stattfindenden Weinfest wird der Wein vom Vorjahr ausgetrunken. Sehenswert ist auch die auf eine Insel gedrängte, malerische Innenstadt und das archäologische Freilichtmuseum außerhalb.

Rechtselbisch dann die ehemalige Dorfrepublik Rüterberg, die von 1967 bis 1988 nur durch ein einziges Tor an der B 195 zu erreichen war. In dem miteingezäunten Wäldchen konnten die Bewohner nicht einmal Pilze suchen, ohne von den Hunden der

Grenzposten verfolgt zu werden. Keine fünf Kilometer entfernt liegt die 1558–1570 errichtete, vollständig erhaltene Festung von Dömitz mit dem sehr informativen Heimatmuseum und der Fritz-Reuter-Gedenkstätte in der ehemaligen Festungskapelle. Schöner Ausblick über den Fluß – im Mai geben die Unken im Festungsgraben ihre hohlklingenden Konzerte. In der Festung verlebte Fritz Reuter die beiden letzten Jahre seiner Haft: Er war für die bloße Zugehörigkeit zu einer Studentenverbindung, aus der einige Mitglieder 1833 die Konstablerwache in Frankfurt stürmten, zum Tode verurteilt und 1840 nach sieben Jahren zu Festungshaft begnadigt worden. Der 1810 geborene Reuter arbeitete sich anschließend zu einem der populärsten Schriftsteller der zweiten Hälfte des 19. Jahrhunderts empor, dessen plattdeutsch geschriebenes *Ut mine Stromtid* (Aus meiner Tagelöhnerzeit) und *Ut mine Festungstid* (Aus meiner Zeit in der Festungshaft) weit über den plattdeutschen Raum hinaus Verbreitung fanden. In Neu-Göhren unweit von Dömitz markiert ein Findling den Scheideweg, an dem Fritz Reuter nach der Entlassung entschied, welchen Weg er einschlagen sollte. Bei Klein-Schmölen ragt bis zu 41 Meter hoch wieder eine Wanderdüne auf. Südlich davon führt der Weg über den Elbdeich Richtung Lenzen an zahlreichen Storchennestern auf hohen Pfählen vorbei. Aus Lanz stammt Turnvater Jahn (Gedenkstätte) – auch das ein im Wortsinne bewegtes Stück deutsche Studentengeschichte.

Gegenüber auf der linkselbischen Seite lockt bei Gorleben die Atomindustrie mit großen Anzeigen zur Besichtigung ihrer Anlagen, und die Bürgerinitiative Umweltschutz Lüchow-Dannenberg informiert über die Organisation des Protests gegen das Endlager im Salzstock. Das Elbholz bei Höhbeck ist ein wunderschöner Auwald, das Städtchen Gartow verfügt über die beste Urlaubsinfrastruktur weit und breit, mit einem See zum Baden und Surfen und einem Thermal-Sole-Erlebnis-Bad zum Aufwärmen. Das Bundesamt für Strahlenschutz hat das Urlaubsstädtchen für seine Informationsstelle zur nuklearen Entsorgung erwählt. Und auf einem Hügel an der Elbe steht der 344 Meter hohe Turm der Deutschen Bundespost, über den während der

DDR-Zeit, gleichsam über das andere Deutschland hinweg, sämtlicher Funkverkehr nach Berlin erfolgte, wo ein ebenso hoher Turm steht. Für mich ist der Stahlgerüst-Turm untrennbar mit einem meiner Brüder verbunden, der, für einen Norddeutschen vielleicht gar nicht abwegig, seine Doktorarbeit über den Wind schrieb. Um zu errechnen, wie sich hohe Türme bei böigem Wind verhalten, bestieg er, nur durch einen Ledergurt gesichert, regelmäßig den Gartower Turm und brachte zwischen 30 und 341 Metern Höhe 17 Meßgeber an. Als am 25. Januar 1990 der Orkan Vivian über die Gegend fegte, betrug die Windgeschwindigkeit oben am Turm 170 Stundenkilometer.

In Schnackenburg, dem letzten Ort an der ehemaligen Elbgrenze, lange ein absolut isolierter Flecken, der fast künstlich wirkte, hat sich das Leben normalisiert. Nur das Grenzlandmuseum erinnert an die jüngere Vergangenheit.

Auf der Elbe kann man zum Beispiel von Hitzacker oder Bleckede aus kleine Kaffeefahrten mit dem Flußdampfer unternehmen. Leider gibt es keine Möglichkeit, sich mit dem Schiff auch nur stückweise die Elbe hinauf- oder hinunterzuarbeiten. Nur einige Luxusschiffe verkehren von Hamburg nach Dresden, mit Abstechern in die Sächsische und Böhmische Schweiz. Wäre doch schön, ein paar Tage zu wandern und dann eine Weile vom Wasser aus zuzusehen, wie das Ufer vorbeizieht.

In der Nähe von Damnatz verbrachte Nicolas Born die letzten Jahre seines Lebens. Dort wurde er im Dezember 1979 auf dem Dorffriedhof hinterm Elbdeich begraben. Er starb wenige Wochen vor seinem 42. Geburtstag an Krebs. Mitte der sechziger Jahre aus dem Ruhrgebiet nach Berlin verzogen, engagierte er sich in der Außerparlamentarischen Opposition, ohne jedoch je die Vorbehalte zu überwinden, die er als einer, der das Arbeiterdasein aus eigener Erfahrung kannte, gegen die Studentenbewegung hatte. Nach Berlin ging er nicht der Politik, sondern der Literatur wegen, als er sich nach der Veröffentlichung seines zweiten Romans entschied, ein Leben als freier Schriftsteller zu wagen. Die Politik aber ließ ihn nicht los. Als er Anfang der siebziger Jahre mit Frau und Kind ins Wendland umsiedelte, schloß er sich bald, redend und schreibend, dem Protest gegen den Atomstaat an, seinem im *Rowohlt Literaturmagazin* veröffentlichten Credo getreu, Literatur habe den sowohl zerstörerischen wie auch aufbauenden, auf jeden Fall aber erschütternden Zusammenprall der Imagination mit dem Faktischen darzustellen bzw. dieser Zusammenprall selber zu sein. Sein Umzug aufs Land muß neben der Sehnsucht nach Stille noch andere Beweggründe gehabt haben. Vielleicht so etwas wie die Suche nach sinnlicher Erfahrung von Natur im Bewußtsein ihrer Zerstörung und nach Raum zur Ergründung seiner selbst. Das Verhältnis zum neuen Wohnort jedenfalls war kompliziert.

In seinem dort verfaßten letzten Roman *Die Fälschung* läßt Born seine Hauptfigur, den Reporter Georg Laschen, ebenfalls an der Elbe wohnen. Ein Auftrag führt ihn nach Beirut, wo er von den Schauplätzen des Libanonkriegs berichten soll, sich zugleich aber gezwungen sieht, sein „falsches" Leben zu reflektieren, dem er durch den Umzug aufs Land nicht entkommen ist. In guten Momenten fühlt er sich aufgehoben:

Am Nachmittag gingen sie durch das Dorf, über den Deich und in die Elbwiesen hinein, als wollten sie dort gemeinsam verschwinden. Die Kinder blieben weit hinter ihnen zurück, und sie kümmerten sich nicht um sie. Wenn sie jetzt gesprochen hätten, wäre es aus Verlegenheit geschehen, so schwiegen sie verlegen. Am Mittag hatte es getaut, aber es fror wieder, so daß das Gras unter ihren Füßen leicht nachgab, einbrach knisternd, und hinter sich bis an den Deich sahen sie ihre Spur, in der die Kinder langsam torkelnd nachkamen. Eine Stunde später, auf dem Rückweg, als die Sonne unterging, lagen Wiesen, Gebüsche, Baumreihen und Eisflächen kontrastlos in einem einzigen weichen Schwung hinter ihnen, von dünnem Reif bedeckt, gleichmäßig und schön, ganz feinkörnig, zart und wie niemals berührt.

Doch oft überträgt er sein eigenes Unbehagen auf die Umgebung, zum Beispiel in der Kneipe im Dorf, und seine Gefühle werden wiedersprüchlich:

Die Gäste, allesamt jüngere Gäste, fand Laschen nur gewöhnlich, lallend und torkelnd im allerbilligsten städtischen Zerstreuungsdunst; aus der Kreisstadt und den umliegenden Dörfern kamen sie an Wochenenden, um sich vollzusaufen und vollgesoffen zu sein. Der Lärm, den sie gegen den Musikautomaten vorbrachten, hallte stumpf und richtungslos herum. Den Lärm fand er stinkend, die Gesichter Karikaturen. Gerade in solchen Stunden erschien ihm die Landschaft zart und zerbrechlich. Er fing augenblicklich an, sich um ihren Bestand Sorgen zu machen, hätte sie gern woanders hingebracht, in Sicherheit vor diesen Bulldozer-Menschen. Er hatte immer noch das Gefühl, mit seinem Einzug in die Landschaft sei auch zugleich eine schwere Bedrohung der Landschaft in die Landschaft eingezogen, vielmehr, er sei nicht zufällig zugleich mit einer Bedrohung in die Landschaft gekommen, sondern um die Bedrohung abzuwenden. Er konnte das nicht erklären, es war ein Gefühl. Trotzdem fühlte er sich hier auch in einem weichen sicheren Gewahrsam, eingelassen in einen großen atmenden Organismus, dem er vertraute.

Aus der gleichen Zeit wie *Die Fälschung* stammt das Gedicht „Ein paar Notizen aus dem Elbholz", das die Gegend in einzelnen Skizzen zu fassen sucht:

Gehend also durch klein-große UNSCHEINBARKEIT
    (kann ich nur sagen)
weite Wiesen, das Gras, gefroren und funkelnd
von Reif, quietscht, der alte Wald
ächzt, und Dampf, rosafarben, steigt auf
    wie von lagernden Herden

Alles nicht aus Ideen gemacht, schwarzes
nasses Geäst der geschmähten Eichen
       rumpelt am Himmel
Falbes Schilf, Basaltmolen, Schauer, wie geträumt
aus weißem Gras

 [...]

Kein Mensch könnte das in Unordnung halten
dies klare Durcheinander des Wachsenden
übereinander Hergefallenen. Schichten
dunkle Kolke, Nebelfetzen
im Wind siedendes Riedfeld

[...]

Dünnes Land, die Schwebe haltend und
das tragende Wasser tragend, die Vögel
       sind ja nicht schwer.
Der Deich führt in die Regenhalle

   Wenn Sonne scheint, reckt sich das Holz
Stimmen schwirren, Gefieder säuselt
Wasser strahlt Luft an, Wolken so weiß
– die Welt schließt sich und zieht
       woanders hin

[...]

Manchmal wird die Schönheit allgemein
der Körper irgendwo hineingeschmiegt ins Sehen
es gibt keine Achse, keinen Punkt, alles ist
schon geformt, alles ist da und zugleich
       verschwunden, ganz gedankenstill

Als Born 1979 starb, ging eine Stimme verloren, wie sie hierzulande rar ist. Seine Schriftstellerkollegen vermißten seine herzliche, schonungslose Ehrlichkeit, die Art, wie er in seinen Büchern um die eigene Wirklichkeit rang. Er habe eine Lücke hinterlassen, schrieb F. C. Delius zu Borns fünfzigstem Geburtstag, zwischen der priesterlichen und der politischen Prosa, zwischen der abgeklärten Altherren-Prosa und den engen Ich-Horizonten der Jüngeren fehle das Gewicht der Romane, die Born nach der Fälschung geschrieben hätte.

Ebenfalls in ein dünn besiedeltes Gebiet an der Elbe, wenn auch gleich hinter der Mündung, zog Anfang der siebziger Jahre noch ein Achtundsechziger, der fast gleichaltrige Helmut Salzinger, der sich allerdings bald aus der Studentenbewegung ausgliederte, weil sie ihm zu verkopft war. Mit einem Buch namens *Swinging Benjamin* bekannt geworden, schrieb er noch eine Weile Kritiken für *Die Zeit*, dann als Jonas Überohr über neue Rockmusik, lebte aber mehr und mehr nur für sich mit seiner Frau auf einem Resthof mit zwei Morgen Land in Odisheim. Zwanzig Jahre hat er dort gelebt, bis zu seinem Tod 1993. 1992 erschien sein *Der Gärtner im Dschungel*, ein wunderbar unprätentiöses Buch über einen Städter, der es mit Geduld schafft, seinen Garten kennenzulernen und durch seine Fehler und Reaktionen sich gleich mit. Lassen Sie sich den *Gärtner im Dschungel* als Kontrast und Ergänzung zu Nicolas Borns Gedanken über das Land ans Herz legen:

Hier sitze ich und hab es gut. Ich hab ein Stück Land, über das ich schauen und sogar gehen kann. Das mir gehört. [...] Gelegentlich greife ich lokal oder punktuell ein, indem ich irgendwo einen Reisighaufen anlege oder eine Grasfläche mit Grasschnitt und Pappen bedecke, um die Unterlage, meist Quecke, zu ersticken und darüber durch Pflanzung oder Samenflug eine neue Vegetation sich ansiedeln zu lassen, die dann teilweise wiederum Kolonien bildet wie zum Beispiel die Brennessel, teils aber auch sich in Individuen behauptet, Farn oder Eisenhut, Lupine oder Schierling, Johanniskraut.

Wildgarten nenne ich einen angelegten Garten, in dem wachsen kann, was wachsen will. Auswachsen, bis es stirbt. Das geschieht innerhalb eines Jahresumlaufs oder auch mehrerer Umläufe. Manches stirbt dann auch wieder aus, nachdem es lange bloß gekümmert hat. Auf jeden Fall aber zeigt sich, seitdem ich angefangen habe, Gräser und Kräuter nicht mehr zu mähen, daß jedes einzelne von ihnen sehr verschiedene Wege geht und sehr verschiedene Gestalt an-nimmt, wenn sie ihrer eigenen Wege wachsen dürfen und nicht immer wieder in acht Zentimeter Höhe gekappt werden.

Und schau ich des Abends vom Fenster aus in den Garten hinein, dann hab ich es plötzlich sichtbar vor Augen: daß die Erde ein lebendiges Wesen ist, und das nicht bloß metaphorisch.

Ja gut, sagt mancher, das weiß jeder.

Aber ich, sag ich, von hier aus kann ich es sehen.

Gegenüber vom Höhbeck beginnt mit der kleinen Stadt Lenzen das Land Brandenburg, das mit der Provinz Prignitz bis zur Havelmündung an die Elbe grenzt. Zur Prignitz wird auch noch die Stadt Havelberg gerechnet, die politisch heute zu Sachsen-Anhalt gehört. Ähnlich der Gegend auf der Elbseite gegenüber liegt auch diese Region wie vergessen da. Noch reicht kein Einfluß vom nur 100 Kilometer entfernten Berlin hierher, höchstens daß ein paar alte Häuschen von Familien renoviert werden, die ihre Brotverdiener während der Woche nach Hamburg und/oder Berlin schicken und die Einsamkeit ebenso schätzen wie die Erreichbarkeit der beiden Großstädte. Allzu viele sind es bisher nicht. Die kleinen Orte, Lenzen mit der romantischen alten Burg (Regionalmuseum), Lanz mit der Gedenkstätte für den berühmten Sohn der Stadt, Turnvater Jahn, liegen abgeschieden in der Urstromtallandschaft mit ihren Kiefernwäldern, Seen und ausgedehnten Weiden und Wiesen. Bei Mellen am Rambower See zeugt ein Hünengrab von der Steinzeitbevölkerung.

Mit Wittenberge (22 000 Einwohner) erreichen wir die größte Stadt der Gegend und die Heimat der Singer-Nähmaschine. Hier treffen sich mehrere Eisenbahnlinien, am Wasser liegen Industriebetriebe, zwei große Brücken führen über den Fluß. Fast ein Jahrzehnt nach der Wende bietet die Stadt ein gemischtes Bild, trotz frischer Farbe und etlicher Neubauten wirkt sie mitgenommen, als hätte sie sich noch nicht von den Zerstörungen des Zweiten Weltkriegs erholt. Wenn man auf die östliche Brücke hinausgeht und sie hinter dem ersten Wasserarm wieder verläßt, gelangt man bald auf einen Wanderweg, der bis nach Rühstädt und Gnevsdorf immer an der Elbe entlangführt, mit herrlichen Blicken auf Wasser und Wälder, vorbei an Datschen, deren Besitzer es so gut haben wie Salzinger bei Sonnenschein. Durch eine Flußlandschaft mit kleinen, belebten Tümpeln, deren Schönheit von der Straße nicht zu erahnen ist. Rühstädt nennt sich Storchendorf, zu Recht. Man kann in der ganzen Gegend Störche sehen, ihre Nester sind auf Bauernhäusern wie Kirchen in den Städtchen zu finden, aber nirgends wohnen sie so dicht wie im kleinen Rühstädt, wo auf manchen Dächern gleich mehrere Nester sitzen, oft über viele Jahre hoch aufgetürmt. Für jedes Nest gibt es eine Tafel, auf der aufgeführt steht, wann das Storchenpaar gekommen, wann gen Süden abgeflogen ist und wie viele Junge es aufgezogen hat. Die Jungen werden beringt, damit man ihr Fortkommen beobachten kann. Im Sommer erwacht das 300-Seelen-Dorf zur Ausflugshochburg, die Störche nehmen es gelassen hin. Am Ortsrand befindet sich ein Naturschutzzentrum, in dem neben den Informationen zur Umgebung auch Ausstellungen regionaler Künstler zu sehen sind.

Bei Gnevsdorf mündet, über eine Schleuse, ein Arm der Havel in die Elbe. Er fließt von der Stelle, wo die Sperrwerke die Mündung der anderen Havelarme markieren, noch 25 Kilometer weit parallel hinter einer schmalen Landzunge entlang, bis er sich mit dem größeren Fluß vereinigt. Über die Landzunge führt der Mitteldeich mit einem Wanderweg. Zu beiden Seiten ganz unterschiedliche Gewässer, der Havelarm schlank und tief eingeschnitten, still wie ein Graben, die Elbe breit dahinfließend – und dazwischen 25 Kilometer grüne Insel mit Wiesen und Wäldchen, kleinen Seen und nur ein, zwei Gehöften. Der Blick geht weit über Land und Wasser, ein paar Wölkchen am Himmel – die Idylle ist perfekt. Einen stilleren Flecken mitten im Land kann ich mir nicht vorstellen. Am anderen Elbufer ragt der Kirchturm der einst ansehnlichen Hansestadt Werben empor, die sich nie vom Dreißigjährigen Krieg erholt hat, weil ihre Lage gegenüber der Havelmündung bedeutungslos wurde. Heute zählt die im Mittelalter stolze Stadt keine tausend Einwohner mehr. Und gelegentlich taucht weit in der Ferne etwas auf, das den Horizont stört. Ein dicker Kühlturm – oder sind es zwei? Riesig groß. Sonst herrscht eitel Friede. Hier und da ein Angler, und erst an den Sperrwerken wieder Autos. Von dort kann man den Weg nach Quitzöbel wählen oder, aber nur wer wirklich zu Fuß ist, weiter den Elbdeich entlang, der hier eigentlich nur Schutzwall und Schafweide ist. So kann man den großen Knick nach Süden mitvollziehen und sich vom westwärts strömenden Fluß verabschieden.

Von Wittenberge, eigentlich schon von Boizenburg an kann man in den Städten der ehemaligen DDR kaum umhin, über Zerstörung und Niedergang nachzudenken. Das ist anders als in westdeutschen Städten, die, ganz gleich wie kaputt sie waren, jetzt schlimmstenfalls künstlich wirken wie Fallermodellstädte an Märklineisenbahnschienen. Vom Zweiten Weltkrieg ist nichts mehr zu sehen. Satt die Farben, geschlossen die Straßenbilder. In den Städten an diesem Abschnitt der Elbe, in Brandenburg und der Altmark, scheint dagegen nicht nur der letzte Krieg noch überall durch, sondern, hat man den Eindruck, auch die Katastrophen davor, vielleicht gar zurück bis zum Dreißigjährigen Krieg. Als sei die Gegend heikel wie ein besonders anfälliges Biotop. Die mittlerweile topmodernen Landstraßen führen in lauter Orte, denen man vergangene Größe ansieht, ohne Fortdauer in die Gegenwart. Die wirtschaftliche Lage ist hier zwar seit 1990 besonders prekär, aber die Gegend muß lange vorher aufgehört haben zu blühen. So wirken die alten Orte einerseits ursprünglich und wenig museal, andererseits wie die Kerne von Gebilden, die heute, wäre es mit rechten Dingen zugegangen, viel größer sein müßten. Und wo der Obi-Allkauf-Opel-Gürtel gewachsen ist, wirkt er künstlich angepfropft.

Die Ortsgründungen im Havelland und der Altmark bis hinunter nach Magdeburg gehen im wesentlichen auf die Zeit um die letzte Jahrtausendwende zurück, als sich das Heilige Römische Reich Deutscher Nation erobernd und missionierend über die Elbe nach Osten ausdehnte. Seitdem sorgten die Politik wie der Fluß für Schicksalsschläge. Die Elbe fließt nördlich von Magdeburg noch einmal durch eine flache, nicht sehr fruchtbare Wiesenlandschaft, die bis weit ins 18. Jahrhundert hinein von schrecklichen Überschwemmungen heimgesucht wurde, vor allem im Frühjahr, wenn weiter stromauf das Eis brach und die sich türmenden Schollen feste Barrieren bildeten, bis der Druck von hinten sie wieder sprengte. Hier vereinigen sich die breiten, sandigen Urstromtäler der Havel und Weichsel mit dem der Elbe, und in dem weichen Boden hat die Elbe früher mehrmals ihren Lauf verlegt. So erklärt sich zum Beispiel die unter den ohnehin riesigen rechtselbischen Kirchen besonders überproportioniert wirkende Klosterkirche von Jerichow, die, wie die anderen während der Ausdehnung des Reiches ins Slawenland im 12. Jahrhundert begonnen, eines der besterhaltenen mittelalterlichen Baudenkmäler der Region ist und gerade durch ihre isolierte Lage imponiert. Als Kirche und Kloster errichtet wurden, lag Jerichow an der Elbe, aus dem ehemaligen slawischen Fischerdorf entwickelte sich bald ein blühendes Hafenstädtchen. Der Niedergang begann jedoch schon 1336, als eine Hochwasserkatastrophe den Lauf der Elbe um drei Kilometer nach Westen verlegte. Seitdem liegt der Ort abgeschnitten zwischen weiten Wiesen. Der Name Jerichow ist übrigens slawischen Ursprungs und hat weder mit dem biblischen Ort Jericho noch mit Uwe Johnsons Jerichow an der Ostsee etwas zu tun.

In Havelberg ragt der monumentale Backsteindom imposant über der Stadtinsel auf. Er soll an der Stelle errichtet sein, wo ehedem ein slawischer Tempel stand. Die erste Kirche wurde schon im 10. Jahrhundert gebaut und von den Slawen wieder zerstört. Gegen 1150 kehrten die Bischöfe zurück, man begann mit der Errichtung des jetzigen Doms – besonders sehenswert die mittelalterlichen Glasmalereien im nördlichen Seitenschiff – und machte Havelberg zum wichtigsten Ausgangspunkt für die Kolonisation der Gegend. Dom und Stift bildeten ursprünglich eine eigene befestigte Bischofsstadt. Das Städtchen drunter wuchs auf einer Insel, wurde im Dreißigjährigen Krieg aber so verwüstet, daß nur drei Häuser unbeschädigt blieben. In den Jahrhunderten darauf für seine Schiffswerften bekannt, brannte es 1870 abermals ab und ist seitdem nur noch ein bescheidenes Industriestädtchen.

Wer mehr über die wechselhafte Geschichte der Gegend erfahren will, kann sich von einem Buch entführen lassen, das 1938 von der Deutschrussin Tamara Ramsay veröffentlicht wurde. Die Autorin und Zeichnerin verliebte sich in die zurückgebliebene Prignitz, erwanderte von 1930 an den gesamten nordwestlichen Zipfel von Brandenburg und schrieb anschließend das Kinderbuch *Wunderbare Fahrten und Abenteuer der kleinen Dott,* in dem Sagengut und Geschichte der Prignitz zu einem fesselnden Abenteuerroman verarbeitet werden – und zwar mit so präzisen Ortsbeschreibungen, daß man viele der Handlungsorte noch heute wiedererkennt, das Schloß in Lenzen etwa oder die Städte Perleberg, Wittenberge und Havelberg. Dabei erzählt sie keine heimattümelnde Geschichte, sondern versucht durch die Art, wie sie den Stoff verarbeitet, ausdrücklich dem Rassenwahn und Völkerhaß der Zeit entgegenzuwirken. Eine zwölfjährige Bauerntochter aus Mellen, Dorothea Kersting oder die kleine Dott, wird, als sie nachts über eine Wiese unerlaubt zum Johannisfeuer schleicht, unsichtbar, weil ihr eine Blüte der Rennefarre in den Schuh gefallen ist. Die Menschen können sie nicht mehr sehen, dafür versteht sie die Sprache der Tiere. Und gerät in eine Welt, in der es rauh und unbarmherzig zugeht, nicht zuletzt dank der Menschen. Dott freundet sich mit den Vögeln an und unternimmt, um ihnen gegen die Bedrohung durch Jäger und Naturzerstörung zu helfen, weite Wanderungen durch das Land, auf denen sie alten Geistern begegnet und nachts, wenn sie träumt, in Szenen aus der Historie geführt wird. Dabei gelingt es der Autorin, die alten Sagengestalten in die Geschichte zu holen, ohne sie dieser modern anzuverwandeln, so daß man beim Lesen selbst in eine verzauberte Zwischenwelt von schöner Zeitlosigkeit versinkt, die bei näherem Hinsehen aber konkret in der Lebenswirklichkeit der dreißiger Jahre verankert ist und ohne Verherrlichung eines beschworenen Guten auskommt.

Die entscheidende Wendung nimmt das Abenteuer, als Dott zu Frau Harke kommt, einer „schrecklich schönen", uralten, alterslosen Muttergöttin, die in einer Höhle im Frauharkenberg in den Kamernschen Bergen südlich von Havelberg wohnt. Von ihr bekommt sie drei Gräser geschenkt, mit denen sie sich drei Wünsche erfüllen kann. Die ersten beiden verscherzt sie sich durch Unüberlegtheit, mit dem dritten wünscht sie sich ein Mittel herbei, mit dem sie sich klein und wieder groß machen kann, damit die Vögel sie auf dem Rücken tragen können. Und von da an durchfliegt Dott ihre Abenteuer auf dem Rücken der Nebelkrähe Cornix, der Elster Pic-Pac und des Reihers Gurian:

Als sie die Augen wieder öffnete, merkte sie, daß sie pfeilgerade über die Erde dahinstrichen, in einem herrlichen, vollkommen gleichmäßigen Fluge.
Ruhig bewegten sich die Schwingen des Reihers, aber so schnell flogen sie dahin, daß der Wind ihr um die Ohren sauste. Über ihr segelten die weißen Wolken, und unter ihr lag das Land wie eine riesige Landkarte. Die dunklen Flecken darin waren die Kiefernwälder, dazwischen lagen die braunen und grünen Äcker und Wiesen und bunt hineingestreut die Dörfer und Städte. [...] Was da unter ihnen lag, das kam ihr merkwürdig vertraut vor. Das war die Prignitz, die sie gerade mit so großen Mühen und Entbehrungen durchwandert hatte. [...] Als die ersten Sterne erschienen, erreichten sie Wittenberge. Die Straßen leuchteten mit ihren bunten Lichtern zu ihnen herauf. Wie glühende Raupen krochen die Eisenbahnzüge durch das Land. Und dann

lag die Elbe unter ihnen gleich einer mächtigen, silberglänzenden Schlange im Licht des Mondes. Gurian senkte sich tiefer hinunter, so daß die Kleine alles deutlich erkennen konnte, die roten, grünen und gelben Lichter der dunklen Kähne in den Schleppzügen und die hellerleuchteten Vergnügungsdampfer. Das Rauschen des Wassers klang zu ihnen herauf.

In zwei späteren Bänden, die erst nach 1945 erscheinen konnten, fliegt die kleine Dott weit über die Grenzen der Prignitz hinaus, nach Meißen und Dresden, wo sie die Verwüstungen des Dreißigjährigen Kriegs erlebt, ins Elbsandsteingebirge und ins Riesengebirge an die Elbquelle, wo sie Rübezahl trifft und durch ihn zu der blauen Blume gelangt, die ihr die Heimkehr ermöglicht. Eine Elbreise aus der Vogelperspektive.

Nicht weit südlich von Havelberg liegt der Ort Sandau. Hier deutet nur noch eine Domruine darauf hin, daß der Ort mit dem Elbübergang einst Havelberg Konkurrenz machte. Was von der bewegten Geschichte noch zu sehen war, wurde bei schweren Kämpfen gegen Ende des Zweiten Weltkriegs zerstört.

Apropos Ruinen: bei Sandau überragen jetzt auf der linken Elbseite die schon vor dem Elbknick mehrmals auffallenden Kühltürme die ganze Landschaft. Sie sind Teil des niemals fertiggestellten Atomkraftwerks Stendal, das in seinen Ausmaßen und seiner Häßlichkeit mindestens so imposant ist wie die mittelalterlichen Dome. Auf dem Betriebsgelände wird neue Industrie angesiedelt, deshalb kann man es betreten, wenn man denn hinfindet, denn der Weg zum Geisterwerk ist nirgends gekennzeichnet, wie aus der Landschaft herausgeschnitten liegt es da. Eine Pilgerfahrt zum unvollendeten Reaktor kann ich dennoch nur empfehlen, vielleicht mit einem Blumenstrauß als Dank, daß wir von der Fertigstellung verschont geblieben sind.

Auf der anderen Elbseite, gegenüber von Arneburg, das von Obstbaumgärten umgeben auf einem Hügel liegt, so daß man einen wunderbaren Blick über die weiten Elbwiesen im Osten hat, liegt Schönhausen, ein Flecken, der als Geburtsort des

Reichskanzlers Otto von Bismarck (geboren am 1. April 1815) historische Bedeutung besitzt. Wer dorthin pilgern will, muß sich auf eine Enttäuschung gefaßt machen. Das Schloß auf dem Gut, 1642 nach der Zerstörung im Dreißigjährigen Krieg von den Bismarcks stilgerecht wieder aufgebaut, wurde 1958 abgerissen, weil die sozialistische Regierung das Gedächtnis an feudale Zeiten tilgen wollte. Nur die Seitengebäude sind noch zu sehen.

Bevor Bismarck in die große Politik aufbrach, betätigte er sich als Erbe des Gutes Schönhausen I in der Heimat, wo er im Frühjahr 1845 zum Deichhauptmann für die Strecke von Jerichow bis Sandau gewählt wurde. Unmittelbar am Anfang seiner Amtszeit entstanden in der Gegend große Schäden durch ein Hochwasser, das im Volk noch lange viel besungen wurde. In einem Lied, geschrieben von dem Hütejungen und Verseschmied Andreas Stürmer aus Buch, singt der Roland des Ortes in wackeren Reimen:

Mich dauert nur das arme Vieh
Wo stand es jemals nasser?
Nur wenig stand bis an die Knie
Sonst bis zum Bauch im Wasser.

Der schönste Ort der Gegend ist Tangermünde, Residenzstadt Karls des IV., die heute 11 000 Einwohner zählt. Auf einer kleinen Anhöhe gelegen, bietet sie von der Elbe her den geschlossenen Eindruck einer mittelalterlich befestigten Stadt, mit Türmen und Zinnen und steil aufsteigenden Torwegen. Die gesamte Innenstadt steht unter Denkmalschutz, ein Bilderbuchstädtchen aus Fachwerk- und Backsteinbauten, mit hübsch verteilten Storchennestern auf den Dächern und holprigem Kopfsteinpflaster. Im 12. Jahrhundert zur stärksten Festung der Mark Brandenburg ausgebaut, erlebte Tangermünde seine Blütezeit im 14. und 15. Jahrhundert als Handels- und Hansestadt und schließlich als kaiserliche Residenz, von Karl IV. auserwählt, um die Beziehungen zwischen dem Süden und der Hanse zu stärken. Im 16. Jahrhundert setzte der Niedergang ein, 1617 brannte die Stadt zu zwei Dritteln nieder, wurde im Dreißigjährigen Krieg vierzehnmal zum Schauplatz der Begegnung verschiedener Kriegspartei-en und erlitt nach dem Krieg weitere Brände und Epidemien, bis es völlig an Bedeutung verloren hatte. Im 19. Jahrhundert siedel-te sich dann noch einmal mehr Industrie an als in den ande-ren Städten der Altmark – Tangermünde ist zum Beispiel der Ort, wo die edle Schokoladenmarke Feodora ursprünglich her-stammt –, aber fehlende Verkehrsanbindung ließ die Stadt wirt-schaftlich dahindümpeln. Heute allerdings macht die historische Innenstadt einen durchaus belebten Eindruck, sie ist groß und abwechslungsreich genug für ausgedehnte Rundgänge, ein idea-ler Ort für einen mehrtägigen Aufenthalt mit Ausflügen in die Umgebung und auf dem Fluß.

Aus der Zeit des ersten Niedergangs stammt die Geschichte von Grete Minde, die einem hier überall begegnet. Sie wurde am 22. März 1619 zusammen mit zwei Männern als angebliche Stif-terin des Brandes von 1617 auf dem Scheiterhaufen verbrannt. Und während ihre beiden „Mittäter" in Vergessenheit gerieten, hat ihre Gestalt den Gemütern keine Ruhe gelassen. Bis vor gut hundert Jahren war das Urteil eindeutig. Wer über Margarethe Minde schrieb, entwarf ein „Denkmal menschlicher Verworfen-heit". Erst in jüngerer Zeit gaben Theodor Fontane, Ricarda Huch und Barbara Bartos-Höppner mildere Darstellungen, die alle im örtlichen Buchhandel zu haben sind. Und im Fremden-verkehrsamt gibt es eine Broschüre mit dem Titel *Grete Minde: Justizopfer des Mittelalters*, in der der sachliche Hergang erläu-tert wird, wie ihn der Geschichtsforscher Ludolf Parisius anhand der Prozeßakten erforscht und 1879 in seinem *Bilder aus der Alt-mark* veröffentlicht hat. Sein Bericht wirft ein interessantes Licht auf die ungeordneten Zeiten vor dem Ausbruch des Dreißigjährigen Krieges, wenn er erzählt, wie Gretes Vater, der aus einer verarmenden, angesehenen Tangermünder Familie stammte, sich als Soldat verdingte und in der Fremde umkam, aber eine junge Frau mit Kind hinterließ, die dann nach Tanger-münde kam, um ihr Erbe einzuklagen. Sie blieb erfolglos, die Familie erkannte sie nicht an. Sie trieb sich heimatlos in der Gegend herum, lebte von dem Verkauf selbsthergestellter Kräuterarzneien. Ihrer Tochter Grete schärfte sie ein, sich von der Familie nicht auf die gleiche Weise abspeisen zu lassen, und diese bemühte sich nach dem Tod der Mutter weiter um ihr Erbe, bekam mal etwas Geld, mal irgendwelche Versprechungen, so daß sie nie gänzlich abgewiesen war, aber weder Wohnstatt noch Auskommen hatte. Sie heiratete einen Straßenräuber, gebar einen Sohn und hörte offenbar nicht auf, sich Hoffnungen zu machen. 1619 gelang es ihr beinahe, ihrem Mann in Tangermünde eine Anstellung als Marktmeister zu verschaffen. Da hatte die Stadt längst gebrannt. Als ihr Mann sich beim Bürgermeister vorstellen wollte, begegnete er einer Frau, die er jüngst in Fischbeck, auf der anderen Seite der Elbe, ausgeraubt hatte, rannte davon, wurde gefaßt, gestand und beschuldigte unter der Folter seine Frau und einen Kumpanen der Brandstiftung, so daß Grete, die zur Zeit des Brandes im etliche Kilometer entfernten Apenburg schwerkrank bei einem Hirten und seiner Frau Aufnahme gefunden hatte, ebenfalls verhaftet wurde. Unter der Folter legte auch sie ein Geständnis ab, und die Bürger von Tangermünde hatten endlich die Schuldigen für den Brand gefunden. Es mußten drei sein, weil die Stadt von mehreren Enden zu brennen begonnen hatte. Die Prozeßakten belegen freilich, daß die Frage der Brandstiftung mit der Verurteilung keineswegs gelöst war. Zu sehr widersprechen sich die Aussagen, nicht nur über die Art der Brandlegung, sondern auch über die Drohbriefe, die vor dem Feuer in der Stadt gefunden wurden.

In Fontanes Novelle macht sich die Geschichte viel häuslicher. Seine Umdeutung des harten Urteils über Grete Minde erschöpft sich darin, Mitgefühl für die Täterin wecken zu wollen. Eine Brandstifterin bleibt sie. Wohl damit die Leser Verständnis entwickeln, ist Grete bei ihm ein süßes junges Mädchen, das durchaus in einer Familie in Tangermünde aufwächst, von der Frau ihres Stiefbruders aber schlecht behandelt wird, so daß sie mit ihrem jungen Geliebten flieht. Als sie einige Jahre später zurückkehrt – ihr Mann ist mittlerweile umgekommen –, um einen Erbanteil für sich und ihr Kind zu fordern, wird sie abgewiesen und steckt, plötzlich zur Hexe geworden, die Stadt an. Schrecklich ist die Rache des wildgewordenen Weibes. Fontane kann es nicht leichtgehabt haben mit der Teil-Rehabilitierung dieser Frau. Wie zum Ersatz für die umgeschriebenen Episoden ihres wenig reputierlichen Lebens erfindet er neue Greuel: In seiner Novelle übergibt sich Grete selbst den Flammen, und ihr eigenes Kind sowie den Sohn ihres Stiefbruders und seiner bösen Frau gleich mit.

Von Tangermünde an wird es wieder geschäftiger an der Elbe. Seit Herbst 1998 braust der ICE auf der neuen Strecke zwischen Hannover und Berlin unweit der Stadt über den Fluß, eine akute Gefahr für das ruhegewohnte Tierleben. Ein Novum beim Bau der Strecke war immerhin, daß der Naturschutzbund eng mit den Planern zusammenarbeitete. So geschah es, daß 23 Millionen Mark, ein halbes Prozent der Bausumme für die Trasse, für den Schutz des havelländischen Luchses aufgewendet wurden und daß man für die seltenen, in Mitteleuropa fast verschwundenen Großtrappen bis zu sieben Meter hohe Wälle aufgeschüttet hat, damit diese die notwendige Flughöhe erreichen, um die Gleise zu überfliegen. Großtrappen sind bis zu 22 Kilo schwere Kranichverwandte, die im Aussehen eher Truthühnern ähneln als schnittigeren Großvögeln, Wiesenbewohner, die bei Bedrohung erst einmal drauflosrennen, um sich dann ein wenig schwerfällig in die Luft zu erheben.

Die Naturschutzgebiete an den Ufern von hier nach Süden sind häufiger von Industriegebieten durchsetzt. Und nicht alle sind im landläufigen Sinn schön zu nennen. In der Umgebung von Ringfurth etwa müssen sie sich von den 200 000 einst dort stationierten Sowjetsoldaten erholen, die durch ihre Aktivitäten zwar die Artenvielfalt der Pflanzenwelt geschont, aber eine häßlich aufgewühlte Landschaft hinterlassen haben. Kaum waren sie abgezogen, begannen die Tiere sich wieder anzusiedeln und können sich nun geschützt entfalten, Mondlandschaft hin oder her.

Wir nähern uns dem geschäftigen Mitteldeutschland, das an der Elbe offiziell am Magdeburger Tor (Hohenwarthe) beginnt. Schon davor, bei Parey, mündet der Elbe-Havel-Kanal, bei

Rothensee verbindet ein Schiffshebewerk die Elbe mit dem 16 Meter höher gelegenen Mittellandkanal. Gleich nebenan überquert die Autobahn Richtung Berlin den Fluß. Um solche Großanlagen läuft es sich schwer. Es ist, wenn auch nur für etwa 50 Kilometer, eine Gegend erreicht, die zwar noch reich an naturgeschützten, artenreichen Feuchtgebieten am Fluß ist, wohl aber weit besser etappenweise mit dem Fahrrad zu erkunden ist als zu Fuß.

Regsamkeit von alters her

Matthias Koeppel, die Elbbrücke bei Coswig

Von Magdeburg an wandelt sich das Leben am Fluß gründlich. Vergessen ist das Gefühl der Abgelegenheit mitten im Land, das die Gegend von Tangermünde bis Boizenburg so geruhsam erscheinen läßt. Hier, wo die Hauptverkehrswege von Westen und Süden nach Berlin die Elbe schneiden, herrscht ein Geist von Geschäft und Alltag verbunden mit dem Bewußtsein, daß das, was sich hier tut, auch andernorts Maßstäbe setzt. Das muß seit vielen hundert Jahren so sein und gilt nicht nur für Magdeburg, mit 270 000 Einwohnern die einzige Großstadt an der Elbe zwischen Hamburg und Dresden, sondern auch für Dessau, Wörlitz, Wittenberg und auf seine eigene Weise sogar für das Biosphärenreservat Mittlere Elbe, das sich von Barby bis kurz vor Wittenberg erstreckt, das neueste zukunftsweisende Projekt von Weltniveau, mit dem die Gegend von sich reden macht.

Zugleich wird hier anschaulich vorgeführt, daß große Ideen nichts mit Glanz zu tun haben müssen. Eher prägen Alltagsbeharrlichkeit und Durchhaltevermögen das Bild. Nach Arbeit riecht es und zähem Ringen. Eine Ausnahme bilden höchstens die Parklandschaften von Dessau bis Wörlitz, die zu allen Jahreszeiten, bei jedem Wetter, etwas ansteckend Festliches haben. Auffallend aber ist die Menge und die Qualität der Projekte, die an diesem kurzen Flußabschnitt ihren Ausgang nahmen, als konzentrierten sich hier besondere Kräfte, die wenige Kilometer flußauf und flußab nicht mehr wirksam sind. Denn hinter Wittenberg wird es wieder still.

Die Stadt Magdeburg verdankt schon ihre Gründung einem solchen Projekt: der Germanisierung und Christianisierung der slawischen Gebiete jenseits der Elbe. Urkundlich zum erstenmal 805 erwähnt, zur Zeit Karls des Großen, ist sie die älteste deutsche Stadt am Fluß. Damals war sie der östlichste Vorposten des Reiches, an einer Furt über die Elbe, wo sich mehrere Fernverbindungen kreuzten. Zum Kern der Siedlung wurde der heutige

Domplatz am linken Ufer, dessen leicht erhöhter, felsiger Untergrund Sicherheit vor Überflutungen bot. Ein auf der gegenüberliegenden Seite errichtetes Kastell wurde noch im selben Jahrhundert wieder fortgeschwemmt. Die erste Blüte setzte unter Otto dem Großen ein. Dieser erkor Magdeburg schon in seiner Jugend zu seinem Lieblingsaufenthalt, schenkte die Stadt seiner jungen Gemahlin Editha als Morgengabe und begann sie nach seiner Krönung zum König 936 zur repräsentablen Hauptstadt des sich nach Osten reckenden Reiches auszubauen. Noch in seiner Kaiserzeit wurde Magdeburg zum Erzbistum erhoben, erhielt die Marktrechte und begann zu einem ansehnlichen Handelszentrum heranzuwachsen. Es brach eine 400 Jahre während Glanzzeit an, von der im Stadtbild nichts mehr zu ahnen ist, außer am Domplatz, wo wie eh und je der monumentale Backsteindom thront. 1188 wurde den 3000 Bürgern ein eigens ausgearbeitetes Stadtrecht verliehen, das unter dem Namen „Magdeburger Recht" in vielen Städten vor allem in den östlichen Reichsgebieten Schule machte. Im ausgehenden 15. Jahrhundert war Magdeburg mit 30 000 Einwohnern eine der größten deutschen Städte.

Mit der Reformation kam der Einbruch. Von Martin Luther im nahen Wittenberg ausgelöst, breitete sie sich rasch im ganzen Erzbistum aus. Die Bevölkerung stellte sich gegen Erzbischof und Kaiser. Jahrzehntelang tobte der Machtkampf, Magdeburg mußte mit Acht und Bann, einer langen Belagerung und innerer Zwietracht fertigwerden, bis 1567 auch das Domkapitel zum Protestantismus übertrat. Eine unruhige Zeit, die von Wilhelm Raabe, der in Magdeburg eine Buchhändlerlehre absolvierte und der Stadt zeitlebens verbunden blieb, zu einem historischen Roman mit dem Titel *Unseres Herrgotts Canzlei* verarbeitet wurde. Er versinnbildlicht den Kampf zwischen den gegensätzlichen Parteien in einer Dreiecksgeschichte mit glücklichem Ausgang. Doch der Lauf der realen Geschichte war ein anderer.

Der Dreißigjährige Krieg brachte die Katastrophe. 1631 legten kaiserliche Truppen unter der Führung von General Pappenheim und Oberbefehlshaber Tilly die Stadt in Schutt und Asche, nachdem sie vorher mordend und plündernd durch die Straßen gezogen waren. 20 000 der gut 30 000 Einwohner kamen ums Leben. Nur der Dom St. Moritz und Katharinen, das Kloster Unser Lieben Frauen und einige Fischerhäuser an der Elbe überstanden die Flammen. Ein Jahr später rückten die schwedischen Truppen ein und fanden weniger als 500 Bewohner vor.

Einem Namen aus dieser Zeit begegnet man heute in der Stadt überall: Otto von Guericke, Naturforscher und Erfinder der Luftpumpe und des Wetterbarometers, schon zu Lebzeiten berühmt geworden durch seine öffentlichen Schauversuche zur Demonstration physikalischer Phänomene. Die „Magdeburger Halbkugeln", mit Hilfe derer er die Gesetze des Vakuums demonstrierte – er setzte zwei Halbkugeln zu einer Kugel zusammen, pumpte diese leer und ließ dann sechzehn Pferde anspannen, die vergeblich versuchten, die beiden Hälften auseinanderzuziehen –, sind im Kulturhistorischen Museum zu sehen. Von Guericke wurde 1646 Bürgermeister der Stadt und war als solcher maßgeblich am Wiederaufbau beteiligt, nicht nur als Planer, sondern auch als Reisender zur Vertretung Magdeburger Interessen. Von ihm ist ein Bericht über die Verheerung der Stadt überliefert, dem man deutlich die Erschütterung anmerkt:

Was aber die Zahl der Erschlagenen anlangt, so kann man dieselbe nicht eigentlich wissen, weil nicht allein das Schwert, sondern auch das Feuer viel Menschen aufgefressen und bald nach dieser erbärmlichen Einäscherung der General Tilly die verbrannten Leichname und sonst Erschlagenen von den Gassen, Wällen und anderen Plätzen hat auf Wagen laden und ins Wasser der Elbe fahren lassen. Doch hat man noch fast ein ganzes Jahr lang nach dieser Zeit in den verfallenen Kellern viel tote Körper zu fünf, sechs, acht, zehn und mehr, die dort erstickt waren, gefunden. Und weil die, so auf den Gassen lagen, sehr vom Feuer verzehrt und von den einfallenden Gebäuden zerschmettert worden waren, also daß man oft die Stücke mit Mistgabeln hat aufladen müssen, wird niemand die eigentliche Summe benennen können. Insgemein aber hält man dafür, daß, mit eingeschlossen die beiden Vorstädte und was von dem kaiserlichen Kriegsvolk, von dem nicht allein bei dem Sturm hin und wieder viel geblieben ist, sondern auch mancher im Keller oder Hause zu lange gesucht hat und darum umgekommen und verbrannt ist, es auf zwanzigtausend Menschen, klein und groß, gewesen sind, die bei solchem grausamen Zustande ihr Leben enden oder sonst am Leibe haben Schaden leiden müssen. Die Leichname aber, die vor das Wassertor hinaus in die Elbe geführt wurden, haben, weil an dem Orte allewege ein Kräusel oder Wirbel ist, nicht gleich hinwegfließen können oder wollen, also daß viele da lange herumgeschwommen sind, die teils die Köpfe aus dem Wasser, teils die Hände gleichsam gen Himmel gereckt und dem Anschauer ein grausam Schauspiel gegeben haben, davon denn viel Geschwätzes gemacht worden ist, gleich als hätten die Toten noch gebetet, gesungen und zu Gott um Rache geschrien, wie man denn auch von Gesichtern, Gespenstern und dergleichen Dingen hat sagen wollen.

Am Nordende der Elbuferpromenade, eines der schönsten Spazierwege des heutigen Magdeburg, ist noch ein Ort des damaligen Geschehens zu sehen: die Lukasklause mit dem Eckturm der mittelalterlichen Stadtbefestigung, durch den Tillys Truppen zuerst in die Stadt einbrachen. Und am Alten Markt gibt es die Halle an der Buttergasse, 1948 beim Räumen der Trümmer freigelegt, jetzt zur Weinstube ausgebaut: ein vierschiffiges mittelalterliches Kellergewölbe, das von Trümmern aus dem Dreißigjährigen Krieg zugeschüttet und überbaut worden war und deshalb die Jahrhunderte überdauert hat. Sonst gibt es, vom Dom und Liebfrauenkloster abgesehen, kaum Stellen, wo Sie Spuren aus dieser Zeit entdecken werden.

In der Barockzeit wurde Magdeburg wieder zu einer halbwegs florierenden Handelsstadt, erlitt dann wie viele andere Städte während der napoleonischen Kriege abermals Rückschläge durch Belagerung und Plünderungen und brachte es erst Mitte des

19. Jahrhunderts im Zuge der Industrialisierung wieder auf die im Spätmittelalter erreichte Bevölkerungszahl, wobei das sodann unkontrolliert wuchernde Wachstum bald neue Probleme aufwarf, nicht zuletzt für die Elbe durch die dort angesiedelte Schwerindustrie. Anfang 1945 noch einmal zu achtzig Prozent zerstört, nähert sich die Stadt heute der damals erreichten Einwohnerzahl von 300 000. Und erlebt eine nie – oder nur zu Ottos Zeiten – gekannte dynamische Aufbauphase. Kräne, Neubauten, frische Farben ändern rasant das Bild der Stadt.

Von Plattenbaublocks verschandelt, im DDR-Einheitsgraubraun gehalten, war die Stadt bis vor wenigen Jahren kaum attraktiv. Als ich in den achtziger Jahren mit meiner kleinen Tochter auf Verwandtenbesuch dort war, prägte sie das schöne Wort „hängig" für das Aussehen der Menschen und das Straßenbild. Magdeburg machte sie sentimental. Bei der Abfahrt kratzte sie sich ein bißchen Erde vom Fußweg in eine Filmröhre, „um zu behalten, wie es hier ist".

Der hängige Eindruck ist nicht mehr. Auch wenn nicht alle Neubauten – das Riesencinemaxx auf dem einst grünen Bahnhofsvorplatz etwa – nur Begeisterung auslösen, auch wenn einiges allzu forsch auf die leeren Plätze gesetzt wurde, ist unübersehbar, wie sehr diese Stadt gewonnen hat. Das Stadtplanungsamt bemüht sich aktiv einzugreifen, damit das Wuchern der unzähligen Einfamilienhäuser und gigantischen Einkaufsmärkte nicht überhand nimmt. Es ließ in den neunziger Jahren in zahlreichen Gutachten dokumentieren, was Magdeburg an Traditionen vorzuweisen hat, wo sich anknüpfen ließe, damit nicht allein Kommerz verwirklicht wird. So hat man für 1999 die Bundesgartenschau nach Magdeburg geholt – das neue Messezentrum im Nordosten und die Gartenanlagen der Stadt sind hochmodern verwandelt. Das Wahrzeichen der BUGA, eine 60 Meter hohe Spirale aus Holz und Glas, ist als historisches Museum gestaltet, in dem die Besucher auf einer Zeitreise alle möglichen Experimente durchführen können. Ein Erlebnisbad nutzt Gase aus einer Müllhalde. Umweltschutz und Bürgerbeteiligung werden laut proklamiert.

Nicht zerstört wurden im Zweiten Weltkrieg die Früchte einer Tradition, die auch zu DDR-Zeiten weiterlebte. Es lohnt sich, einige Perlen des „geplanten Wohnungsbaus" anzuschauen. Vor allem die beiden 1909 gegründeten Gartenstädte bieten einen interessanten Einblick in frühe Projekte für gesundes, preiswertes Wohnen in der Abkehr von den lichtlosen Mietskasernen des 19. Jahrhunderts. Die Kolonie Reform, eine von Bruno Taut im Bauhausstil für Arbeiter entworfene Reihenhaussiedlung, hat einen anheimelnden Charme bewahrt. Auch wenn wir uns heute kaum noch vorstellen können, wie mit so wenig Platz auszukommen war, ist das Maß ansprechend, die Wirkung wohnlich. Bei einem Gang durch die auf den Mittelstand zugeschnittene Siedlung Hopfengarten kann man verfolgen, welche Möglichkeiten des Wohnens im Grünen und doch in der Stadt für Leute, die sich nicht gerade Villen leisten konnten, Anfang des Jahrhunderts attraktiv waren. Und wer sich für DDR-Geschichte interessiert, kann in der Plattenbausiedlung Olvenstedt betrachten, wie vor dem Krieg von linken Planern und Architekten entwickelte Vorstellungen über funktionales Wohnen und Gemeinschaftlichkeit im real existierenden Sozialismus umgesetzt wurden.

Vor 150 Jahren hatte das Flußbett der Elbe bei Magdeburg eine durchschnittliche Breite von 300 Metern, bis die Preußische Elbstrom-Bauverwaltung eingriff, um die Hochwassergefahr zu bannen und den Fluß stadtgerecht zu gestalten. Das Flußbett wurde ausgebaggert und verengt, auf 170 Meter, im engeren Stadtgebiet auf 150 Meter. Im Anschluß an die Baumaßnahmen wurde auf der Elbinsel zwischen der Strom-Elbe und der Alten Elbe der große Kulturpark Rotehorn angelegt, mit mehreren kleinen Seen und von einem toten Elbarm, der Tauben Elbe, durchschnitten. Sehenswert ist dort das Zwanziger-Jahre-Ensemble mit dem 1966 wiederhergestellten 60 Meter hohen Aussichtsturm, dem Pferdetor und der Stadthalle für 4000 Personen, die, von Wilhelm Deffke und Johannes Göderitz entworfen, in einer Rekordzeit von viereinhalb Monaten für die Deutsche Theaterausstellung von 1927 fertiggestellt wurde. Am Elbufer liegt das Museums- und Gaststättenschiff Württemberg, ein fast hundertjähriger Raddampfer.

Was den Fluß betrifft, so ist die Stadt bestrebt, durch weniger Schadstoffeinleitungen und die Pflege von Grünflächen dafür zu sorgen, daß eine Brücke zwischen den elbabwärts und den elbaufwärts gelegenen Naturschutzgebieten entsteht. Begünstigt wird der Brückenschlag durch eine Reihe tauber Flußarme im östlichen Stadtgebiet, deren Wiesen und Auen ein altmodisch friedliches Bild bieten. Zur Bundesgartenschau 1999 bietet die Weiße Flotte erstmals Elbfahrten von Hamburg und Dresden nach Magdeburg an. Während man bisher nur kleinere Rundfahrten machen konnte oder sich für eine Luxusreise entscheiden mußte, bekommt man nun endlich Gelegenheit, einen längeren Eindruck des Flusses vom Wasser aus zu gewinnen.

Bald hinter Magdeburg beginnen die langen Schleifen, die Elbe mäandert durch ausgedehnte Wälder und baumgesäumte Wiesen, linkselbisch flach und jedes Jahr etliche Male überflutet, rechtselbisch vom Fläming begrenzt, der sich stellenweise fast mittelgebirgisch erhebt. An alten Städten und Industriestandorten vorbei, die einen herben Gegensatz zur beschaulichen Schönheit der Flußlandschaft bilden – vielfach überformte Kulturzeugnisse, nicht nur in Gestalt von obsolet gewordenen Fabrikschornsteinen und Hafenanlagen oder rauchenden Schloten, sondern auch zum Beispiel in dem direkt an die Elbe gebauten Coswiger Schloß, das einst als Witwensitz der anhaltischen Fürsten und in diesem Jahrhundert als Gefängnis gedient hat, bevor es zum Bundesarchiv wurde.

Überhaupt, die Fürstensitze. Es gibt wohl kaum ein Gebiet in Deutschland, in dem die Burgen und Schlösser so dicht gesät und in so unterschiedlichen Erhaltungs- und Verfallszuständen zu besichtigen sind. Jeder Ort hat sein Schloß, die schönsten liegen ein Stück vom Fluß entfernt, in Zerbst und Oranienbaum. Bei Barby mündet die Saale, der zweitlängste Nebenfluß nach der Moldau, fast so wasserreich wie die Havel und durch die Industrie an ihren Ufern einer der Hauptschmutzlieferanten. An ihren heute nicht mehr so hellen Stränden wiederum jede Menge Feudalsitze. Die Elbe wird schmaler – bis zum Übergang nach Sachsen gleich noch zweimal, hinter den Zuflüssen der Mulde und der Schwarzen Elster.

Dessau, im letzten Krieg zu 85 Prozent zerstört, war und ist ein Zentrum bedeutender Neuerungen. Für die gesamte Umgebung am nachhaltigsten dürfte der Aufklärer Fürst Leopold III. Friedrich Franz gewirkt haben, denn unter seiner Regentschaft in der zweiten Hälfte des 18. Jahrhunderts entstanden die großen Parks, die das südliche Elbufer auf einer Strecke von 25 Kilometern zu einer durchgehenden, mal verträumten halbwilden, mal durchkultivierten Gartenlandschaft machen. Nur an der Stelle, wo die Autobahn Nürnberg-Berlin die Elbe überquert, steht das gigantische ehemalige Braunkohlekraftwerk Vockerode als Fremdkörper mittendrin. Die Autobahnbrücke ist auf dem Gemälde „Die Elbbrücke bei Coswig" von Matthias Koeppel verewigt, mit der Reklametafel für „Plaste und Elaste aus Schkopau", die jahrelang die Vorüberfahrenden auf der Transitstrecke beglückte. 1998 als kulturhistorisches Museum mit wechselnden Ausstellungen eingerichtet ist das Kraftwerk nun zumindest geistig in die Gegend integriert. Von der Aussichtsplattform auf dem Dach breiten sich zu allen Seiten die Parks in ihrer Herrlichkeit aus: Großkühnau im Nordwesten vor Dessau, das Luisium und das Georgium im Vorland der Stadt beiderseits der Mulde und der weltweit bekannte Wörlitzer Park zwischen Wörlitz und den großen Elbschleifen bei Coswig – sämtlich angelegt, um den Gedanken der Aufklärung in die Welt zu setzen. Und nach 200 Jahren noch so überzeugend in der Aufteilung, den Übergängen zwischen künstlerisch-künstlichen Bauten und Gartenanlagen mit Türmchen, Törchen, Tempelchen zu landwirtschaftlich genutzten Flächen oder „wilden" Wiesen und Auenwäldern, daß man denen, die an diesem Elbabschnitt versuchen wollen, zu retten, was zu retten ist, jeden Erfolg wünscht. Das Biosphärenreservat Mittlere Elbe, 1979 als Teil des UNESCO-Programms „Man and the Biosphere" ausgewiesen, wirkt wie eine Fortführung der fürstlichen Bemühungen von damals.

Die Herren von Anhalt-Dessau – und ihre Gattinnen und Schwestern – zeichneten sich vom ausgehenden 17. Jahrhundert an durch besondere Kraft zur Gestaltung aus. Eine ausgesprochen rege und handlungsfreudige Sippe, die das Leben im Dessauer Land gründlich veränderte. Leopold I., „der alte Dessauer", hat seine Kräfte im Dienste Preußens auf den Schlachtfeldern Europas erprobt und bei seinen Truppen den Gleichschritt eingeführt. Andere Familienmitglieder wußten ihre Energien auf weniger destruktivem Gebiet einzusetzen. Ausgehend von der Prinzessin Henriette Katharina von Nassau und Oranien entwickelte sich in der Familie ein Sinn für die bildende Kunst und niederländische Fortschrittlichkeit. Es wurde Sitte, Kunst zu sammeln, Künstler zu fördern, Anregungen aus dem europäischen Umland nach Hause zu holen. Dessau wurde zur Hochburg der Aufklärung. Hier wurde 1729 Moses Mendelssohn geboren, der jüdische Philosoph, der wie Luther mit den Traditionen seines Glaubens brach, diesen auf die Bibel zurückführte und die wichtigsten Teile des Alten Testaments neu ins Deutsche übertrug. Ihm setzte Lessing in seinem Stück *Nathan der Weise* ein Denkmal. Seinen Werdegang hatte er nicht zuletzt der toleranten Politik des Fürstenhauses zu verdanken, die unter Leopold III. Friedrich Franz von 1758 an ihre höchste, langanhaltende Blüte erlebte. Ein halbes Jahrhundert lang war Anhalt-Dessau eine pädagogische Kolonie, in der die humanistischen Ideale der Aufklärung ihrer Verwirklichung entgegengetrieben wurden. Man setzte in allen Lebensbereichen an. So entstand in Dessau der erste kommunale Friedhof in Deutschland, auf dem die Toten aller christlichen Konfessionen begraben wurden. Und es geschah ebenfalls hier, daß der von Rousseaus Erziehungstheorien inspirierte Pädagoge J. B. Basedow seine neuartige Schule gründete, das Philanthropin, wo solche Dinge wie spielendes Lernen, körperliche Ertüchtigung, Handarbeit, Weltorientierung, Muttersprache und religiöse Toleranz auf dem Lehrplan standen.

Basedow muß ein enthusiastischer Vertreter reformerischer Ideen gewesen sein, ohne die Begabung für praktische Umsetzungen zu besitzen. Die Schule drohte 1776, wenige Jahre nach der Gründung, wieder einzugehen, als Fürst Franz eingriff und Joachim Heinrich Campe einlud, in die Leitung des Philanthropins einzutreten. Damit holte er einen Mann nach Dessau, der seines praktischen Sinns und unermüdlichen Tätigkeitsdrangs wegen in die Geschichte einging. Am Philanthropin wirkte er erfolgreich, schuf einen Lehrplan, mit dem sich arbeiten ließ, und vermehrte die Zahl der Schüler auf fünfzig, offenbar für eine solche Anstalt eine ansehnliche Schar. Doch schon vor dem Ablauf seines zweiten Jahres dort verschwand er Hals über Kopf wieder heimlich und mit unbekanntem Ziel – „aus Gewissensdrang", wie er später sagte. Man vermutete, Basedow habe ihn vertrieben. Dieser übernahm wieder die Leitung der Schule, und sie fand in Deutschland etliche Nachahmer.

Campe dagegen verbreitete philanthropische Erziehungsprinzipien fortan als Schriftsteller. Sein bekanntestes Werk ist der nach Defoes *Robinson Crusoe* gearbeitete *Robinson der Jüngere,* verfaßt in der Zeit unmittelbar nach seinem Dessauer Gastspiel, als er in einem Haus unweit der Elbe an der Bille vor Hamburg mehrere Kaufmannskinder unterrichtete, die auch bei seiner Familie wohnten. Für sie und seine Tochter legte er in dem Buch anhand der Situation Robinsons dar, wie ein Mensch frei von verderblichen gesellschaftlichen Einflüssen erzogen werden könne. Der *Robinson* erlebte in den nächsten 100 Jahren über 90 Auflagen und trug damit weit mehr zur Begründung seines Ruhms bei als alles andere, was Campe tat. Und das war nicht wenig. Er muß, angeregt von den plötzlich möglichen Aufbrüchen seiner Zeit, von unermüdlicher Regsamkeit gewesen sein. Ob er 1789 mit seinem ehemaligen Zögling Wilhelm von Humboldt als Revolutionstourist nach Paris fuhr oder seine Bücher im eigenen Verlag verlegte (der unter dem Namen seines Schwiegersohns Vieweg bis heute fortlebt), ob er den Wortschatz für sein *Wörterbuch der deutschen Sprache* sammelte oder Gärten bepflanzte, immer war er fleißig auf praktisches Handeln bedacht. Und so wollte er sich verewigt wissen. Auf seinen Grabstein im eigenen Garten ließ er ein Epitaph meißeln, das ihn treffend als einen Mann nach dem Herzen von Fürst Franz beschreibt:

Hier ruhet nach einem Leben voller Arbeit und Mühe
zum erstenmale der Pflanzer Joachim Heinrich Campe.
Er pflanzte – wenngleich nicht immer mit gleicher Einsicht
und mit gleichem Glück – doch immer mit gleichem Eifer
und mit gleicher Treue Bäume in Gärten und Wälder,
Wörter in die Sprache, und Tugenden in die Herzen der Jugend.
Wanderer! Hast du ausgeruht unter seinen Bäumen,
so geh hin und thue desgleichen!

Der Fürst muß ähnlich rege gewesen sein wie Joachim Campe, wenn auch natürlich in fürstlichem Maße. Sein erzieherisches Werk umfaßte die Verwandlung eines kompletten Landstrichs. Von Goethe als „erhabener Herr" bezeichnet, der, „indem er durch sein Beispiel den übrigen vorleuchtete, Dienern und Untertanen ein goldnes Zeitalter versprach", bildete er sich auf Reisen nach England und Italien und machte sich im eigenen Reich an die Verwirklichung der gewonnenen Ideen. Sein wichtigster Mitstreiter war der Architekt Friedrich Wilhelm von Erdmannsdorf, dem der Fürst für die Zeit durchaus ungewöhnliche Möglichkeiten bot. Zahlreiche der frühklassizistischen und neugotischen Bauwerke der Gegend gehen auf sein Konto, ebenso wie die durchgeformten Teile der Parkanlagen. Neu war bei den Entwürfen der beiden weniger die großartige Form der Anlage als ihre Offenheit und der pädagogische Ansatz. Anders als etwa in den berühmten Barockgärten waren alle Parks zum Umland hin geöffnet, die Bevölkerung war eingeladen einzutreten, lustzuwandeln und vom Gesehenen zu profitieren. Man wollte, nach Horaz, „das Schöne mit dem Nützlichen verbinden". Die Entfaltungsmöglichkeiten des Individuums sollten ebenso durch die Kunst gefördert werden wie durch landwirtschaftliche Reformen und die Erziehung, ein geordnetes Staatswesen sollte den Bürgern ein menschenwürdiges Dasein gewähren. Und die Gärten sollten sichtbarer Ausdruck dieses Bestrebens sein – erbauliche Exempel.

Wie das gedacht war, ist durch die Pflege und Wiederherstellung der großen Parks heute wieder zu sehen. In den Notzeiten nach 1945 hatte man Bäume gefällt und auf den Freiflächen Gemüse angebaut und so die Anlagen vielerorts zerstört. Die Restauration begann schon zur DDR-Zeit. Und es ist wirklich beeindruckend, was für ein Werk dort vor 200 Jahren in die Landschaft gesetzt wurde, mit welch detailliert ausgeklügelten Beziehungen zwischen der umgebenden Natur, mit bewußt gestalteten Blickachsen, vorbildlich bebauten Feldern und Gärten, architektonischen und künstlich überhöhten Landschaftselementen. Den naturbelassenen Rand bildet das Überschwemmungsland der Elbauen, weite Wiesen und tote Elbarme wurden integriert, häufig wie zur Betonung der Natur nur behutsam überformt, etwa durch bewußt gepflanzte Einzelbäume – viele Solitäreichen – oder Gehölzgruppen. Auf die Deiche wurden in Abständen kleine, historisierende Bauwerke gesetzt, kilometerlange Alleen schufen Verbindungsachsen, etwa zum Dessauer Schloß. In den Bewuchs geschlagene Durchblicke sorgen für optische Harmonie. Wer auf den langen Wegen und Deichen vom Georgium und Luisium Richtung Wörlitz läuft, geht durch gepflegteste Gegenden und stößt dennoch mitten in der gefälligen Landschaft auf unberührte Wiesen, wo die Reiher scharenweise stehen, als wüßten sie nicht, für welchen Leckerbissen sie sich entscheiden sollen. Im Wald tauchen unvermittelt steinerne Tore auf, an den Deich gebaute Häuschen laden ein, sich umzusehen und die Umgebung wahrzunehmen.

Den Höhepunkt der Anlagen bildet der Wörlitzer Park, über 100 Hektar groß, 1764 als erster Landschaftspark auf dem europäischen Kontinent begonnen. Den Ausschlag für die Wahl des Ortes gab ein großer Altarm der Elbe, der zum zentralen See gestaltet wurde. Hier ist das Spiel der Blickachsen zur Perfektion getrieben. Von markanten Punkten im Park, dem Venustempel etwa, wird der Blick über die intensiv gestalteten thematischen Teile im Zentrum des Parks gelenkt – Brücken, Mauern, Tore, Wasserarme, unterschiedlich bepflanzte Gärten, und von dort in der Verlängerung weiter, über den Park hinaus zu ebenfalls bewußt geformten Elementen, einem Weinberg am Wall oder einem „piemontesischen" Bauernhof zum Beispiel, oder zu gefundenen Bezugspunkten wie dem Kirchturm von Coswig im Norden am anderen Elbufer. Zu den Elbwiesen hin ist der Park durch einen hohen Deich begrenzt, man läuft auf einem Grat zwischen weiter Natur und kunstvollen Anlagen. Auf der einen Seite grüne, oftmals überflutete Wiesen mit Solitäreichen und einheimischem Getier, Enten, Kröten, Unken, nistenden Bleßhühnern, den Fluß fern im Hintergrund. Zur anderen Seite Parkbäume und Rasenflächen, Blumengärten, Brücken, Tempel, Gedenksteine, Inseln mit Bauwerken und ohne und wunderbar abstrus ein Labyrinth, in dem man, weil die Aufklärung wirkt, sich nicht verstrickt, sondern mit weisen Sprüchen versorgt zum Ziel kommt. Auf der Insel Stein gibt es sogar einen Vulkan en miniature, den ich zu meinem Bedauern noch nie in Betrieb erlebt habe. Bei meinem ersten Besuch 1989 hatte der Feuerwerksmeister gerade „nach Ungarn rübergemacht", letztesmal wurde restauriert. Vielleicht haben Sie mehr Glück.

Für jedermann geöffnet, diente der Park von Anfang an erzieherischen Absichten. So war nicht nur demonstrativ die Synagoge der jüdischen Gemeinde von Wörlitz in die Anlage integriert (deren Innenraum 1938 in der Reichskristallnacht zerstört wurde, ebenso wie der jüdische Friedhof im Ort), sondern auch eine Leihbücherei, und alle Gebäude waren zur Besichtigung freigegeben, damit die ausgestellten Gemälde bestaunt werden konnten. Auf den Feldern eines kleinen Musterhofs wurden neue landwirtschaftliche Anbaumethoden vorgeführt, vorbildlich beschnittene Obstbäume regten zur Nachahmung an. Wieviel mehr als heute muß ein solches Inbild der Ordnung und Klarheit aus der umgebenden Landschaft herausgestochen haben. Goethe fühlte sich im Mai 1778 „sehr gerührt wie die Götter dem Fürsten erlaubt haben einen Traum um sich herum zu schaffen". Sprechender ist die Beschreibung von Jean Pauls Luftschiffer Gianozzo, der eines Abends im Park Station macht und schwärmt:

Mit der Sonne sank ich da in den wechselnden Garten, dessen Aussicht wieder Gärten sind. Da war mir, als gehe die
Sonne eben auf; alle Tempel blitzten wie von Morgenlicht –
erfrischender Tau überquoll den Boden, und die Morgen
lieder der Lerchen flogen umher. – Lange, sonnentrunkne
Perspektiven liefen wie glänzende Rennbahnen der Jugend,
wie Himmelswege der Hoffnung hin.

Zwei Jahrhunderte bildet die von Leopold Friedrich Franz
geschaffene Kulturlandschaft nun schon einen Puffer zwischen
dem ursprünglich gebliebenen Elbtal und der sich ausbreitenden
Zivilisation. Es ist bestimmt in seinem Sinne, wenn das Reform-
werk in dem Biosphärenreservat Mittlere Elbe eine späte Fortführung findet. Das Gebiet des Reservats reicht von Dornburg
im Westen bis kurz vor Wittenberg im Osten und umfaßt neben
der unmittelbaren Umgebung der Elbe die Saalemündung und
den Lauf der Mulde bis Raguhn. Unmittelbar südlich liegt Bitter-
feld, Inbegriff für rücksichtslose Umweltzerstörung durch die
Industrie und Sinnbild dafür, in welchem Spannungsfeld man
hier arbeitet, wenn heutige Kultur- und Naturlandschaften
nebeneinander erhalten werden sollen. So steckt hinter der
Bezeichnung „Industrielles Gartenreich Dessau-Wörlitz-Bitter-
feld" eine schier abenteuerliche Herausforderung.

Im Reservat regeln Schutzzonen verschiedenen Grades die Art
und die Intensität der Nutzung, so daß der Naturschutz nicht
alles über einen Kamm schert und die 43 000 Hektar des Reservats ihrer Naturausstattung und den historisch gewachsenen
Nutzungsformen entsprechend unterschiedlich rückentwickelt
werden. Ziel ist die ganzheitliche Wahrung und Wiederherstellung der vom Wasserhaushalt der Elbe und Mulde abhängigen
Auenlandschaften, die hier die größte in Europa verbliebene
zusammenhängende Zone dieser Art bilden. Nicht nur die größte, sondern auch eine der allerletzten. Wie glücklich sich die Elb-
bewohner schätzen dürfen, daß ihnen die Auen erhalten bleiben,
zeigt zum Beispiel der traurige Effekt des jüngsten Großprojekts
an der Donau zwischen der Slowakei und Ungarn. Die Umlei-

tung der Donau in ein Betonbett hat den Grundwasserspiegel so sinken lassen, daß dort die Auen nun tot sind. An der Elbe hingegen will man es als Vorteil nutzen, daß der Fluß in Deutschland nie zur modernen Wasserstraße ausgebaut wurde und man deshalb eine Chance hat, Hartholzwald und Grünland zu regenerieren, indem man die toxische Belastung des Wassers vermindert und die Überflutungsrhythmen erhält. Und dafür sorgt, daß neben den durch die Menschen veränderten Landschaften genügend naturnahe Lebensräume bestehen bleiben, damit Flora und Fauna sich entfalten können.

Man trifft in dem Reservat auf Tiere, die man im dicht besiedelten Deutschland sonst fast vergessen hat. Bis zu 70 000 Saat- und Bleßgänse fliegen nicht etwa gen Norden vorbei, sondern bleiben über Winter, wie weitere 100 Vogelarten, darunter sogar einige Seeadler. Im Frühjahr schlagen die Nachtigallen, Eisvögel brüten in den Steilwänden des Fläming, Ringelnattern, Unken, Laubfrösche und Eidechsen tummeln sich überall. Die Elbe ist wieder reich an Fisch – 35 Arten sind erfaßt, darunter lauter Namen, die klingen wie aus dem Märchenbuch: Hasel, Döbel, Aland, Rapfen, Steinbeißer, Bitterling, Moderlieschen, Zährte und Schmerle. Sogar Elbebiber lassen sich beobachten. Gab es 1950 nur noch 200 in ganz Deutschland, so leben jetzt allein in den Gewässern des Biosphärenreservats wieder etwa 430 Biber. Die scheuen Tiere zeigen sich nicht freiwillig, wenn Menschen in der Nähe sind, aber es kommt schon vor, daß sie irgendwo im Gehölz selbstvergessen nagen oder fressen und gar nicht gewahr werden, daß wer zusieht.

Mich wird nicht aufhören zu erstaunen, daß es diese Fülle inmitten einer so industrialisierten Zone geben kann. Daß man 43 000 Hektar, und darin sehr viel kleinere Kernzonen, tatsächlich so schützen kann, daß sich dort etwas ganz Anderes, Eigenes durchsetzt. Sollten Sie in der schönen Natur plötzlich merken, daß es aus Ihrem Mund singen will, lassen Sie es ruhig kommen. Schließlich war Dessau der Ort, wo der Volkslieddichter Wilhelm Müller – der Musikwelt bekannt durch die von Schubert vertonten Zyklen *Die schöne Müllerin* und *Die Win-*

terreise – zu den Liedern "Das Wandern ist des Müllers Lust"
und "Am Brunnen vor dem Tore" inspiriert wurde.

„Die Nachtigallen singen allerdings sehr schön in Dessau",
schrieb 1926 Oskar Schlemmer und bestätigt damit, daß industrielle Großanlagen wie die Junkers Flugzeug- und Motoren-
werke der Tierwelt offenbar auch damals nicht den Garaus machten. Schlemmer hatte es zusammen mit seinen Kollegen Leo
Feininger, Wassilij Kandinsky, Paul Klee und dem Architekten
Walter Gropius nach Dessau verschlagen, als das Bauhaus dahin
verzog. Aus Weimar wegen angeblicher Linkslastigkeit vertrieben, fand die berühmte Hochschule für Gestaltung 1925 in Dessau Aufnahme, weil sich die sozialdemokratisch regierte Stadt
eine Belebung der vorhandenen Kunstgewerbe- und Handwerks-
schule sowie Unterstützung bei der Abhilfe der Wohnungsnot in
der rasch wachsenden Stadt erhoffte. Gegründet mit dem Ziel der
Vereinigung aller Künste und aller werkkünstlerischen Diszipli-
nen, war das Bauhaus zum Zentrum der Modernen Bewegung
geworden, ein Ort der erregenden Ideen wie der praktischen
Arbeit, von dem vor allem auf den Gebieten Architektur und
Design die unglaublichsten Impulse ausgingen. Von einem illu-
stren Kreis sogenannter Meister unterrichtet, erhielten die Studenten eine Ausbildung sowohl in praktischen Handwerksdiszi-
plinen als auch in freier Malerei und Bühnenkunst und fertigten
oft schon während des Studiums Produkte an, die industriell ver-
wertbar waren. Wie wegbahnend die dort entwickelte Ästhetik
gewirkt hat, ist in den Werkverzeichnissen der Künstler und
Werkstätten zu sehen: die Türgriffe, Lampen, Stühle, Tische,
Fenster, Fassaden kennen wir alle aus unserer unmittelbaren
Umgebung. Anregender für das Nachdenken über Gestaltung ist
freilich das Konzept, nach dem im Bauhaus gelehrt und gearbei-
tet wurde, das Ringen um eine Durchdringung nicht nur der Dis-
ziplinen, sondern auch von Leben und Arbeit, von Alltag und
Überhöhung, immer nach der Formel: Spiel wird Fest, Fest wird
Arbeit, und Arbeit wird Spiel. So waren denn in den zwanziger
Jahren die Feste besonders berühmt, als Höhepunkte der Aus-

druckskunst. Von Meistern und Schülern in Zusammenarbeit vorbereitet, dienten sie der Darstellung der entwickelten Ideen und müssen zugleich wunderbar übermütig gewesen sein. Es waren Kostümfeste mit festen Vorschriften, in Dessau etwa das „Metallische Fest" oder das „Weiße Fest", bei dem nur die Farben Rot, Blau und Gelb zur Brechung des dominierenden Weiß Verwendung finden durften, und zwar ausschließlich „gestreift, gedippelt und gewerfelt".

Das von Walter Gropius entworfene Bauhaus-Gebäude in Dessau gilt als eines der bedeutendsten und folgenreichsten Bauwerke des 20. Jahrhunderts. Die Harmonie der Glas- und Stahlfassade bleibt bestechend schön. 1932 durch politischen Druck der Nazis geschlossen, 1945 ausgebrannt, wurde es 1976–78 vorzüglich restauriert. Der heutige Sitz der Stiftung Bauhaus und der Fachhochschule Anhalt ist für Besichtigungen offen, die Bühne wird genutzt, man organisiert Führungen zu den Bauhausbauten der Stadt, die allesamt sehr sehenswert sind, ob es die industriell gefertigten Häuser der Siedlung Törten, das stilrein moderne Arbeitsamt oder die Meisterhäuser sind, die Gropius für Klee, Feininger, Kandinsky und Schlemmer entwarf und die gleichzeitig zur Demonstration moderner Wohnideale dienten. Über die Meisterhäuser wurde auch ein Film gedreht, in dem die Ehefrauen der Künstler die praktische Einrichtung demonstrierten. Eine passende Rolle für Frauen am Bauhaus. Die Namen der Ehefrauen liest man unter manchen Fotos. Studentinnen waren zwar von Anfang an zugelassen – man hatte die Weimarer Republik –, aber sie wurden bald im wesentlichen in die Weberei abgedrängt, die von 1925 an auch von einer Meisterin, Gunta Stölzl, geleitet wurde.

Das Feiningerhaus (Ebertallee) ist für Besucher geöffnet, in seinen Räumen ist das Kurt-Weill-Zentrum untergebracht, die einzige europäische Gedenkstätte für den Komponisten, der 1900 in Dessau auf die Welt kam. Und an der Elballee, im Bogen der großen Dessauischen Elbschleife, liegt das Kornhaus, eine Ausflugsgaststätte von 1929, wo man in Bauhaus-Atmosphäre Kaffee trinken kann.

Lesen können Sie über das Bauhaus, soviel Sie wollen, zum Teil in sehr ansprechenden Bildbänden, denn die Bauhäusler haben ihre Projekte stets fotografisch dokumentiert, um die Entwicklung der Formensprache festzuhalten, und sich dabei häufig gegenseitig auf die Platte gebannt. So ist dieses einzigartige Zentrum zur Vereinigung der Künste in allen Phasen sorgfältig dokumentiert, von der Entstehung über die Auseinandersetzungen und Querelen nach innen und außen bis hin zu den Kontroversen darüber, wie sehr der Bauhausstil zur Anonymität unserer Städte beigetragen hat. Hier eine Kleinstauswahl: Magdalena Droste hat neben vielen anderen Einzeldokumentationen eine gut bebilderte, sehr zugängliche Einführung mit dem Titel *Bauhaus, 1919–1933* herausgegeben. Und von Winfried Nerdinger gibt es ein außerordentlich gründliches, klug kommentiertes Buch mit dem Titel *Der Architekt Walter Gropius; Zeichnungen, Pläne, Fotos, Werkverzeichnis* über den ersten Direktor des Bauhauses, das eindrücklich zeigt, wie einflußreich die Architektur dieser Schule war. Sehr interessante Einblicke, vor allem für diejenigen unter uns, die sich gern Gedanken über die Verbindung von Kunst und Alltag machen, geben auch die persönlichen Aufzeichnungen der Bauhausmitarbeiter Wassilij Kandinsky, Paul Klee und Oskar Schlemmer, deren Titel Sie im Autorenverzeichnis finden. Auch von den Gattinnen gibt es Lebenszeugnisse, in Buchform allerdings nur Nina Kandinskys *Kandinsky und ich,* während Kommentare und Fotos von Tut Schlemmer, Isi Gropius, Lux Feininger nur hier und da in den Werken über die Meister in Erscheinung treten.

Wer sich Wittenberg elbseits von Westen nähert, muß an den Chemiewerken von Priesternitz vorbei. Auch wenn es mit dem Qualm und den Schadstoffemissionen besser geworden ist, die Werke sind gigantische Zeugnisse der Neuzeit, wie sie grauer kaum sein kann. Wittenbergs Stadtkern dagegen ist schmucker denn je. Anders als in Magdeburg oder Dessau sind die historischen Stätten erhalten und bestens restauriert. Beschaulich liegen Marktplatz und Schloß, Schloßkirche und Marienkirche da.

Die Stadt ist, scheint es, 500 Jahre nach Luthers Wirken noch immer ganz darauf gestimmt, die große Zeit des ausgehenden Mittelalters zu feiern, als von einem Theologieprofessor an der von Friedrich dem Weisen neu gegründeten Universität – der ersten an der Elbe – die Reformation ausging. Schwarze Tafeln an den Häusern erinnern an berühmte Studenten: Prinz Hamlet, Gotthold Ephraim Lessing, Karl Philipp Moritz, Novalis. Neben der Schloßkirche (wo Luther die 95 Thesen anschlug) und dem Schloß (heute Jugendherberge und Museum) laden Lutherhaus, Melanchthonhaus (das schönere, weil ursprünglicher ausgestattete der beiden) und Cranachhaus und -höfe zur Besichtigung ein. Alljährlich zum 13. Juni wird Luthers Hochzeit als Stadtfest gefeiert, mit den Cranachs als Trauzeugen und dem Ehepaar Melanchthon als trauten Freunden.

Vielleicht aber wäre ein kalter Spätherbsttag geeigneter, das geistige Klima nachzuempfinden, in dem es zu Luthers Thesenanschlag kam. Wenn der Wind die Blätter über das Kopfsteinpflaster fegt, spürt man in den alten Gemäuern besser, welche Kraft es gekostet haben muß, den Kampf gegen den Ablaßhandel durchzuhalten und es nach und nach mit der ganzen katholischen Kirche aufzunehmen. Und in den Häusern bekommt man einen Eindruck von dem bürgerlichen Leben, in dem Luthers Aufbruch fußte, von der Mischung aus Strenge, Fleiß und Saturiertheit, in der die Wirkmächtigkeit von Leuten wie Luther und den Cranachs gedieh. Ihre geistige oder künstlerische Orientierung war nicht mit Weltabgewandtheit gepaart. Sie lebten in einer Zeit, in der es keine Frage war, ob Wirtschaften und Vergeistigung vereinbar seien. Katharina von Bora etwa, die Gattin Luthers, erwarb die Braurechte des ehemaligen Klosters, auf dessen Gelände ihr Wohnhaus stand, und Lucas Cranach war gleichzeitig Maler und Unternehmer, nicht nur, indem er bis zu dreißig Maler in seiner Werkstatt beschäftigte, die Bilder nach seinen Entwürfen fertigstellten – wie sonst hätte er die schier zahllosen Altäre und Porträts bewältigen sollen, die bis heute über ganz Mitteldeutschland verteilt sind? –, sondern indem er eine Apotheke führte und nebenbei noch eine eigene

Druckerei und einen Buchladen betrieb. Die Apotheke sicherte ihm den reibungslosen Zugang zu allen für das Malen notwendigen Chemikalien, aber auch das Monopolrecht für Medikamente und Süßwein, und durch Buchladen und Druckerei profitierte er am reißenden Absatz von Luthers Schriften. Außerdem saß er im Stadtrat und war jahrelang Bürgermeister von Wittenberg.

Der Einblick in die Lebenswelt dieser vergangenen Epoche läßt sich aufs angenehmste durch einen Besuch im Restaurant „Zur Schlossfreiheit" (Coswigerstraße 24) abrunden. 1683 als Gasthaus gegründet, wird es seit 1980 von Dietmar Hegner geführt, eines der wenigen Restaurants, die nach der Wiedervereinigung keine radikale Wandlung durchgemacht haben, sondern noch so sind, wie sie waren. Selten genug fand man in der DDR soviel Atmosphäre, um so schöner, daß sie sich hat halten können. Und wenn Sie von Norden kommen, ist hier Gelegenheit, den ersten Elbewein zu kosten – oder einen Säuerling von den Weinbergen an der Schwarzen Elster. Als Bettlektüre empfehle ich Heinrich von Kleists *Michael Kohlhaas,* und der Ausflug in die Historie ist komplett.

Wittenberg hat, wie könnte es anders sein, ein Martin-Luther-Gymnasium, und dieses macht zur Zeit mit einem groß angelegten Projekt von sich reden. Kurz nach der Wende setzte sich eine Initiative dafür ein, das allzu trübselige Schulgebäude aufzufrischen. Man startete Umfragen, sammelte Ideen für die Umgestaltung der Schule. Das Ergebnis wird sich sehen lassen können, denn man gewann Friedensreich Hundertwasser für den Entwurf der neuen Außenfassade und Künstler aus dem Umland für die Umwandlung des Innenlebens der Schule zu „einer bizarren und anregenden Bildungsstätte", in der auch andere Sensibilitäten für Mensch und Natur geschult werden sollen als bisher. Die Finanzierung teilen sich Bund, Land, Landkreis und ein Förderverein. Erste Innenarbeiten sind bereits erfolgt, zum Teil unter Beteiligung der Schüler. Eine hölzerne Wächterfigur begrüßt Schüler und Besucher, in zwei keramischen Türumrahmungen sind die vier Elemente des Lebens – Erde, Wasser, Feuer, Luft –

dargestellt, leitmotivisch für das Thema, das sich durch alle vier Etagen ziehen soll. 1998 wurde mit dem Großumbau begonnen. Eine Schule wird bunt.

Von der Reformation wieder auf die Elbe zu kommen, braucht keinen weiten Weg. Luther brachte die Bibel ins Deutsche. Von dort war es für fromme Lutheraner, die biblische Geschichten auf Bildern darstellten, offenbar nur ein Schritt, diese ebenfalls in die Heimat zu versetzen. Um zu zeigen, daß sie sich zum Evangelium und zur neuen Lehre bekannten, stellten sie Luther und /oder evangelische Fürsten in Szenen aus dem Neuen Testament, die sie gern an die Stätten der Reformation holten. So daß es zum Beispiel von Jacob Lucius einen Holzschnitt mit dem Titel „Taufe Christi in der Elbe vor Wittenberg" gibt und damit ein Porträt des Flusses und der Elbauen vor der Silhouette Wittenbergs aus den Jahren, als man die Doppeltürme der Stadtkirche St. Marien in Erwartung der Belagerung durch die Truppen Karls des V. abgetragen hatte.

Landschaftswechsel, Tempowechsel

Vom Norddeutschen Tiefland in die Sächsischen Weinberge

Die Albrechtsburg thront seit 1489 über der Elbe

In Wittenberg kreuzt die letzte der alten Querverbindungen nach Berlin die Elbe. Dahinter wird es wieder ruhig am Fluß. Bis kurz hinter Riesa durchfließt er die letzten ausgedehnten, nun schon hügeligeren, waldbestandenen Heidelandschaften des norddeutschen Tieflands, dessen eiszeitliche Endmoränen stellenweise schon mehr als 150 Meter hoch sind. Schmaler als vorher fließt die Elbe doch noch immer breit und behäbig durch die Wiesen dahin, wobei sich direkt am Fluß immer mal wieder steinige Terrassen erheben, deren Höhe zunimmt, je weiter man nach Süden kommt. Bis zur Elbregulierung war das Land stark hochwassergefährdet. Durch die Begradigung sind viele Altarme entstanden, an denen wieder Biber leben. In fast allen Dörfern finden sich Storchennester. Das Gefälle wird stärker. Zwar nicht gerade imposant, aber durchaus merklich im Vergleich. Bei Wittenberg auf circa 60 Metern, durchfließt die Elbe die Lausitzer Granitplatte zwischen Meißen und Riesa schon auf über 100 Metern Höhe. Zwischen bewaldeten Moränenzügen eingebettet liegt die Elbniederung in bevorzugtem Klima. Mehr Sonne, weniger Niederschläge sorgen dafür, daß hier Pflanzen gedeihen, die warme Sommer lieben. An den wärmegetönten Hängen singt die Nachtigall. Wir nähern uns den lieblichen Weinbaugebieten an der sächsischen Elbe.

Wer sich am Fluß entlang orientieren will, kann mittlerweile durchgehend Radwanderkarten benutzen, von denen es im Handel einige gibt. Die Radfahrer müssen eine gute Lobby haben. Ich stelle mir da immer mehr oder weniger kurzatmige Bürobeamte vor, die sofort weich werden, wenn ein Schwarm Fitneßbeseelter mit der Forderung auftritt, dieses oder jenes Gebiet für Radfahrer zu erschließen, weil auch sie sich gern frischluft- und bewegungsbewußt zeigen. Die neuen Radwege werden so breit angelegt, daß man in großen Scharen bequem darauf einhergondeln kann, ohne auf unbefestigten Boden zu geraten. Als feine Promenaden, auf denen Fußwanderern nach wenigen Kilometern die Knochen wehtun. Diese können zwar im Flachland noch auf die Deiche ausweichen, doch ohne Tücken ist das Laufen auch dort nicht. Wo die Deiche nicht beweidet sind, muß man durch hohes Gras. Und an vielen Stellen folgen sie nicht mehr durchgehend dem Fluß, sondern sind unterbrochen oder verlaufen in eigenartigen Schlenkern. Wer sich aufs Deichwandern einlassen will, braucht unbedingt eine Karte, auf denen sie deutlich eingezeichnet sind. Damit kann man sich die Gegend aufs schönste erschließen und so manche Szene erleben, durch die sich das Bild der Landschaft im Gedächtnis hält.

Zwischen Torgau und Belgern zum Beispiel liegt ein Feld, das ich jetzt immer vor mir sehe, wenn ich an Hauffs Märchen vom Kalif Storch denke. Der Deich hatte eine Weile durch Obstwiesen geführt, die Sonne war beinahe zu warm, wir machten unter einer großen Linde Rast. Es ging ein leiser Wind. Da kam ein Storch angeflogen und stellte sich keine 30 Meter weiter auf den Deich. Blieb stehen, sah sich um. Wieder hörten wir Flügelschlagen, und ganz knapp über die Kronen der Obstbäume flogen noch drei Störche. Sie stellten sich dazu. Dann breitete der erste die Schwingen aus und ließ sich vom Deich aufs Feld hinuntergleiten. Ohne einen einzigen Flügelschlag. Die Störche 2 bis 4 folgten seinem Exempel. Sie kamen unterschiedlich weit. Unten angekommen zögerten sie einen Augenblick, bevor sich drei von ihnen zu einem Grüppchen versammelten und mit den Schnäbeln nickten, als kommentierten sie die Gleitflüge. Alle flogen wieder auf den Deich und starteten einen neuen Versuch. Unten angekommen stellten sie wieder Vergleiche an. Die Sache zog sich eine ganze Weile hin, bis die Herren – ich denke, es waren Herren, wer könnte sonst so gewichtig konferieren? – plötzlich aufstiegen und verschwanden.

Manchmal, viel zu selten, führt ein Feldweg direkt am Fluß entlang. Man hört das Wasser, sieht die Wirbel in der Strömung aus unmittelbarer Nähe. Enten und Schwanenfamilien beleben das Bild. Hier und da ein Auto, ein Klappstuhl oder zwei: Angler, die davon erzählen, wie gut die Fische wieder schmecken, wie viele wieder in dem schon tot geglaubten Fluß schwimmen, wie viele Reiher und große Greifvögel mit ihnen nach Beute jagen. Und von dort oder an den Stellen, wo der Deich in geringem Abstand parallel zum Ufer verläuft, lassen sich die Flußkähne ausgiebig beobachten. Viel Verkehr herrscht nicht. Flußab sausen sie fast elegant dahin, flußauf kämpfen sie schwerfällig gegen die Strömung an. Wenn man ebenfalls stromaufwärts strebt, kriechen sie langsam, Meter für Meter von hinten heran, und erst wenn sie aufgeholt haben, sind sie plötzlich doch um einiges schneller, ziehen vorbei und brauchen wieder endlos, bis sie verschwunden sind, es sei denn, sie werden von einer Biegung verschluckt.

Bevor die Schiffe Motoren hatten, mußten sie gegen den Strom gezogen werden. Es war unmöglich, große Kähne durch Rudern oder Segeln elbaufwärts zu bringen. Der Fluß war damals auf beiden Seiten von einem Pfad gesäumt, dem Treidel- oder Leinpfad, an den hier und da noch Straßennamen erinnern. (Vielleicht sollten Wanderer eine Lobby zur Wiedereinführung dieser Wege gründen, wenigstens streckenweise.) Von diesem Pfad aus wurden die Schiffe gezogen, von Männern oder, seltener, von Pferden. An der Elbe setzten sich die Gemeinden erfolgreich gegen Unternehmen durch, die das Treideln mit Hilfe von Pferden überregional organisieren wollten. Die Treidler hießen hier bis weit nach Deutschland hinein Bomätscher, nach dem Tschechischen. Sie besorgten ihre Arbeit jeweils auf einer Teilstrecke von einem Ort aus, übernahmen die Schiffe von anderen Bomätschern und brachten sie ein Stück voran, in Tagesabschnitten, so daß sie feierabends nach Hause konnten. Von diesem verlorenen Beruf vermittelt der folgende Text von Bernhard Störzner einen Eindruck, und zugleich von einem Fluß, der ganz anders als heute bevölkert war:

Von dem betreffenden Schiff ging eine lange Leine bis hinüber zum Treidelsteg oder Leinpfad am Ufer der Elbe. An dieses Seil spannten sich die Schiffszieher scharenweise ein, oft 20 bis 30, wohl auch noch mehr, und zogen stromaufwärts.

Jeder brachte sein Treidelzeug selbst mit, einen Handstock zum Aufstützen und einen breiten Zuggurt, den er über die Schulter nahm und an dem Seil einhängte. Als erster an der Leine ging der Leitzieher oder König. Der letzte Mann hieß der Leinewächter. Er hatte dafür zu sorgen, daß das Seil stets frei blieb. Mit einer langen Holzgabel schob er die Leine über Weidensträucher und andere Hindernisse hinweg, damit ja kein Aufenthalt entstand und die andern Bomätscher nicht aus ihrem Gleichschritt gestört oder wohl gar ins Wasser gezogen wurden. Beim Aufbruch stimmte der König ein Bomätscherlied an, und in langgezogenen Tönen fiel die ganze Schar ein. Sehr gebräuchlich war folgende Weise:
„Huo hopp, bis an Knopp,
Daß man siehet, wie er ziehet!"

Große Schiffe wurden an zwei Leinen gezogen. So ging es ohne Konkurrenz, bis 1835 die erste Dampfschiffahrtslinie zwischen Hamburg und Dresden den Betrieb aufnahm. Das Bomätschern blieb trotzdem bis 1869 ein sicherer Beruf, dann legte man, um die neue Technologie der Dampfkraft für alle Transporte auszunutzen, eine Kette in den Fluß, die auf einer Länge von 668 Kilometern von Hamburg bis Aussig (dem heutigen Ústí) reichte. Die Kette wurde am Bug der Schiffe über Leitrollen aus dem Wasser gehoben, um zwei durch Dampfmaschinen angetriebene Windetrommeln geführt und am Heck wieder ins Flußbett gesenkt. Auf diese Weise asteten die Kettendampfer prustend und stampfend den Strom hinauf, mit einer langen Reihe Kähne im Schlepp. 28 Kettenschiffe ersetzten viele hundert Bomätscher.

Flöße hielten sich noch bis in die ersten Jahrzehnte des 20. Jahrhunderts. Die Flößerwirtschaft ging auf das frühe Mittelalter zurück. In Böhmen gefällte Stämme schwammen, oft zu sogenannten Prahmen gebunden, über die Moldau nach Prag, wo sie zu großen Flößen zusammengelegt wurden. Dann ging es bis an die deutsche Grenze nach Herrnskretschen (Hřensko), wo in Mähren und der Slowakei geschnittene Stämme mit der Eisenbahn angeliefert wurden. Dort lagen die Stämme, gezählt und gebucht, und wurden nach den Bestellungen, die von Norden eingingen, zu neuen Flößen verbunden. Flöße nach Dresden und Riesa hatten einfache, die großen Flöße nach Magdeburg und Hamburg meist doppelte Tiefe. 100 Meter lang und zehn Meter breit, waren sie vorn und hinten mit je zwei Spalten versehen, durch die gespitzte Balken in den Grund gerammt wurden, wenn das Floß „geankert" werden sollte. An beiden Enden gab es ein Steuerruder. Auf der Mitte des Floßes errichtete man eine einfache Bretterbude, die als Wohn-, Schlaf-, Eßraum und Küche diente. Manche Flöße transportierten nicht nur Holz, sondern auch bis zu 3000 Zentner lebende Karpfen, die bis zum Zielort im Elbwasser schwammen. Die Geschwindigkeit der Reise war durch die Fließgeschwindigkeit des Flusses vorgegeben, man ließ sich tagsüber treiben, nachts wurde festgemacht.

Hinter Wittenberg werden die Brücken wieder rarer. Nur bei Torgau und Riesa und dann in Meissen führen Straßenbrücken über den Fluß. Ansonsten sind Sie auf Fähren angewiesen, die überall regelmäßig verkehren. Auch beim Fährbetrieb hat der technische Fortschritt eine Veränderung gebracht. Mußten früher die Fährleute von einem Ufer zum anderen rudern oder staken, was bei großen Lasten eine Menge Kraft und Zeit forderte, so wurde ihnen durch die Gierfähren, eingesetzt in den letzten Jahrzehnten des 19. Jahrhunderts, fast alle Arbeit abgenommen. Die Fahrzeit verkürzte sich auf wenige Minuten, und die Tragfähigkeit wurde beträchtlich erhöht. Haben Sie sich nicht schon immer gefragt, wie diese Fähren funktionieren? Bei den Seilfähren an kleineren Flüssen sieht man es: Die Fähre ist mit einem Stahlseil verbunden, an dem sie sich, durch geschicktes Manövrieren so gestellt, daß die Strömung hilft, zum gegenüberliegenden Ufer zieht. Aber für ein Seil ist die Elbe zu breit, und die Kähne kämen nicht drunter durch. Eine Gierfähre ist nun flußaufwärts an einem etwa 250 Meter langen Drahtseil verankert. Bojen zeigen an, wo es verläuft. Kurz vor der Fähre teilt sich das Seil und ist mit je einem Ende an Bug und Heck befestigt. Der Fährmann verändert für jede Fahrt mit Hilfe von Seilwinden die Länge der Enden zueinander, so daß sich der Winkel der Fähre zur Strömung verstellt. Die Fähre legt sich schräg zur Strömung und wird zum jeweils anderen Ufer gedrückt. Der Fährmann hat Zeit, Kassierer zu spielen. – Im Klosterhof-Museum von Coswig (Sachsen-Anhalt) ist die Geschichte der Elbe-Schifffahrt dokumentiert.

Linkselbisch die Dübener und südlich davon die Dahlener Heide, rechts die wesentlich flachere Zeithainer und Annaburger Heide waren einst beliebte kurfürstliche Jagdreviere. Die schönen Mischwälder sind mittlerweile im wesentlichen schnell wachsenden Kiefernäckern gewichen. Wo, weil die Fürsten gern ungehindert jagen wollten, nur spärliche Dörfer liegen, namentlich im Elbe-Elster-Winkel, ist die Gegend schon vor langer Zeit zu Truppenübungen mißbraucht worden, mit schöner Kontinuität wie in der Lüneburger Heide. Die einst prächtigen Renaissanceschlösser in Pretzsch und Prettin (wo das Bundesland Sachsen beginnt), Witwensitze der Kurfürsten von Sachsen, sind ebenfalls zweckentfremdet. Geblieben sind nur die Schönheit ihrer Lage und die herrlichen Ausblicke von ihren Gärten über Elbe und Auen. Im Pretzscher Schloß ist ein Kinderheim untergebracht, vormals „Großes Potsdamsches Militärwaisenhaus". Schloß Lichtenburg in Prettin wurde 1812 in ein Zuchthaus für durchschnittlich 800 Gefangene umgewandelt. Man brachte dort auch politische Gefangene unter, nach den Revolutionen von 1848 und 1918 etwa sowie nach den Märzkämpfen von 1921. Die Nazis bauten das Schloß gleich 1933 zum Konzentrationslager aus, zunächst für 2000 Männer, die 1937 nach Buchenwald überführt wurden, danach für 5000 Frauen, die 1939 in das Frauen-KZ Ravensbrück verfrachtet wurden. Im Krieg diente es als Sammellager für Häftlinge, die anschließend in Bernburg in den Gaskammern umgebracht wurden. Seit 1965 ist dort eine Gedenkstätte eingerichtet, seit 1974 auch ein sehr informatives kulturhistorisches Regionalmuseum.

Einzig Schloß Hartenfels in Torgau erstrahlt noch in der Pracht von einst. Direkt am Wasser ragt der imposante Renaissancebau auf, als südlicher Abschluß des Städtchens, das mit 21 000 Einwohnern nicht weit über den alten Stadtkern hinausgewachsen ist. Der Name Hartenfels verweist auf das harte Porphyrgestein, auf das das Schloß gebaut ist. Nur wenige Meter höher als die Umgebung sorgt der Fels nicht nur für Sicherheit vor Überschwemmungen, sondern auch dafür, daß Stadt und Schloß mit ihren vielen Türmen weithin zu sehen sind als altertümliche, kompakte Silhouette über der Flußebene. Ein romantisches Bild.

Schloß Hartenfels gilt als eines der schönsten noch erhaltenen Renaissanceschlösser. Ebenfalls zeitweilig als Lazarett, Zuchthaus und Kaserne genutzt und arg heruntergekommen, wurde es ab 1905 wieder restauriert und beherbergt heute das Landratsamt und das Kreismuseum. In dem überbrückten Burggraben werden Bären gehalten, eine Erinnerung an den einstigen Bärenreichtum der Heidewälder ringsum. Der letzte wurde 1869 geschossen. Schönstes Detail der Außenfassade ist der Große Wendelstein, eine spiralige, freitragende Treppe aus dem 16. Jahrhundert, wie sie auch an der Albrechtsburg in Meissen zu sehen ist. Marktplatz und Straßen der Stadt bieten ebenfalls ein hübsches, altertümliches Bild. Es hat sich seit dem Höhepunkt der Geschichte Torgaus in der ersten Hälfte des 16. Jahrhunderts, als man dort vom Silberbergbau im Erzgebirge profitierte, nicht allzuviel verändert. Das Rathaus und etliche Bürgerhäuser stammen noch aus dieser Zeit. Im Haus an der Katharinenstraße 11 starb Katharina von Bora, verehelichte Luther, 1552 an den Folgen eines Unfalls. Eine steinerne Grabplatte mit ihrem Bildnis als Flachrelief ist in der Marienkirche zu sehen: eine Matrone von fülliger Gestalt mit einem vollen Gesicht, bei deren Anblick man kaum darauf käme, daß sie zu Lebzeiten als Käthchen Luther bekannt war.

Wo die einstige Stadtbefestigung – heute eine Grünanlage, die ringförmig um die Innenstadt führt – an den Fluß stößt, steht am Elbufer das „Denkmal der Begegnung". Es erinnert daran, daß bei Torgau 1945 die sowjetischen und US-amerikanischen Truppen aufeinandertrafen und ihren Sieg feierten. „Hier an der Elbe, am 25. April 1945, vereinten sich die Truppen der I. Ukrainischen

Front mit den Amerikanischen Truppen", lautet die Inschrift. Das Foto, das damals durch die Weltpresse ging, um das Ereignis zu dokumentieren, war gestellt. Da bei dem Ereignis selbst keine Journalisten zugegen waren, wurde die Begegnung anläßlich der offiziellen Feierlichkeiten einen Tag darauf an der zerstörten Elbbrücke für die Kameras nachempfunden und symbolisch überhöht. Auf Trümmern stehende russische und amerikanische Soldaten recken die Arme über einen Spalt hinweg und reichen einander die Hände. Den heutigen Betrachter erinnert das Denkmal wieder einmal daran, daß Deutschland 1945 keineswegs, wie es der Mythos will, so aufgeteilt wurde, wie die Alliierten jeweils vorgerückt waren, sondern nach einer bereits im Herbst 1944 in London beschlossenen Vereinbarung zur Grenzregelung der Besatzungszonen.

Daß der Bruderschluß keineswegs zu einfachen Verhältnissen zwischen den Angehörigen der alliierten Nationen führen sollte, läßt, zumindest rückblickend, schon Martha Gellhorns Bericht über die ersten Tage nach der Vereinigung in Torgau ahnen. Sie gehörte zu den Kriegsberichterstattern, die unverzüglich an diesen Frontabschnitt eilten, um die ersten Reportagen von dem historischen Ereignis zu liefern, und sie zeichnet ein beeindruckendes Bild von der Fremdheit der Sowjets:

Ein russischer Wachposten, klein, struppelig und helläugig, stand auf unserer Seite der Elbe an der Pontonbrücke. Er winkte uns anzuhalten, trat an den Jeep heran und sprach sehr schnell russisch, wobei er die ganze Zeit grinste. Dann gab er uns die Hand und sagte: „Amerikanski?" Daraufhin schüttelte er uns noch einmal die Hände, und wir grüßten einander. Ein Schweigen schloß sich an, währenddessen wir alle grinsten. Ich versuchte es mit Deutsch, Französisch, Spanisch und Englisch, in dieser Reihenfolge. Wir wollten über die Elbe auf die russische Seite und unseren Verbündeten einen Besuch abstatten. Mit keiner dieser Sprachen aber hatte ich Erfolg. Die Russen sprechen russisch. Der GI-Fahrer machte daraufhin ein paar Bemerkungen auf russisch, was mich völlig entgeisterte. „Man muß von allem ein bißchen sprechen, wenn man heutzutage durchkommen will", sagte er. Der russische Wachposten hatte zugehört, unser Ansinnen durchdacht, und jetzt antwortete er. Das entscheidende Wort in seiner Entgegnung war: *njet*. Es ist das einzige russische Wort, das ich kenne, aber man bekommt es häufig zu hören, und danach gibt es nichts mehr zu diskutieren.

Händeschütteln, freundliches Grinsen, glasklares *njet* und kein Schritt über die Elbe, keinerlei Einblick in irgendwelche Pläne, so ergeht es der Reporterin überall. Sie kann sich nur ans Ufer setzen und warten, was kommt.

Am nächsten Morgen war die Pontonbrücke der Mittelpunkt des Interesses. Am Tag zuvor waren zur Verblüffung der GIs ein paar russische Soldaten aufgetaucht und hatten die Boote geschrubbt, die den hölzernen Fahrdamm trugen. Heute erschienen weitere Russen mit Töpfen voll grüner Farbe und strichen die Boote an. Kleine Tannen wurden entlang des Fahrdamms aufgestellt, und es war die hübscheste Brücke, die man zu sehen hoffen konnte. Jetzt erschien im frühen Sonnenlicht eine Prozession dünner, stiller verschleppter Zwangsarbeiter; es waren die Russen, die von den Deutschen versklavt worden waren, und sie überquerten die Elbe, um nach Hause zu gehen. Die Elbe ist nicht sehr breit, und an den Ufern wächst weiches grünes Gras, aber sobald irgend jemand die Brücke überquerte und am gegenüberliegenden Ufer verschwand, hätte er genausogut nach Tibet gegangen sein können, denn es war verbotenes Territorium.

Soweit der Vorgeschmack auf den Eisernen Vorhang, der da nach der kurzen Phase der Verbrüderung zwischen Ost und West niedergehen sollte, einige 100 Kilometer elbaufwärts von der Flußstrecke, die dann tatsächlich die deutsch-deutsche Grenze bildete.

Von Torgau bis Riesa schlängelt sich die Elbe durch bäuerliche Gegenden mit wenigen Orten. In Belgern grüßt auf dem Marktplatz der letzte Roland an der Elbe, ein eigentümlich langer Kerl mit freundlichem Grinsen, eher dem hochgewachsenen Stendaler als dem stämmigen Wedeler Roland verwandt. Den Namen des auf der anderen, kurz noch einmal brandenburgischen Elbseite gelegenen Mühlberg kennt man von dem verheerenden Sieg der katholischen Truppen Karls V. über das protestantische Heer des Schmalkaldischen Bundes 1547, als die kriegerischen Auseinandersetzungen anläßlich der Reformation begannen. Nach der Schlacht verewigte der Maler Tizian Kaiser Karl in Heldenpose zu Pferde und in der Rüstung, die er getragen hatte, als er seinen Truppen voran durch die Elbfurt ritt, um Mühlberg zu stürmen. Das Gemälde hängt heute im Prado in Madrid.

Auf einer Hochterrasse am linken Flußufer an einer weiten Schleife liegt das Städtchen Strehla. Der denkmalgeschützte Stadtkern und das Schloß aus dem 16. Jahrhundert bilden ein gefälliges Ensemble, dessen Dächer und helle Putzfassaden über einem Park mit alten Bäumen am Fluß aufragen. So daß der Blick von der Elbe auf die Stadt besonders schön ist. Zu Fuß von Norden kommend gelangt man auf einen Weg, der zwischen Obstgärten und Elbwiesen zu dem Park und dann bergauf an den Rand des Stadtkerns führt. Auf diese Weise in einen Ort zu kommen, ohne Berührung der Autostraße, ohne durch den Vorortgürtel zu müssen, hat etwas wunderbar Zeitloses; man betritt die Stadt so, wie man sie auch vor 200 oder 300 Jahren betreten hätte, und es ist fast, als hätte nicht nur sie allen neuzeitlichen Ballast abgeschüttelt, sondern man selbst ein Stück weit mit: als käme, so Schritt für Schritt, jemand mit anderen Eigenschaften an als nach Autofahren, Parkplatz suchen, Aussteigen, los.

Und natürlich ist die Elbe als Fluß selbst dazu angetan, die Zeit zu vergessen. Wasser und Wiesen bleiben Wasser und Wiesen; zwischen Ufer und Deich – oder Damm, wie man in dieser Gegend sagt – ist das Leben wie eh und je vom Rhythmus des Wassers und der Jahreszeiten bestimmt. Auch an der regulierten Elbe beginnt die Zivilisation erst hinter den Dämmen. Direkt am

Fluß ist gerade für Kinder eine Welt erhalten, die sie zu den gleichen Spielen einlädt, zu denen es schon ihre Urgroßeltern erlaubter- oder verbotenerweise trieb. So lesen sich zum Beispiel einige der Kindheitserlebnisse aus den frühen zwanziger Jahren in Hans Graf von Lehndorffs Erinnerungen *Menschen, Pferde, weites Land* wie aus meiner eigenen Kindheit, und auch die nächste Generation könnte mit den gleichen Geschichten nach Hause kommen, sofern sie Gelegenheit hat, dem durchzivilisierten Teil ihrer Umwelt zu entwischen. Lassen Sie sich, bevor wir die weite Elbniederung endgültig verlassen, ein letztesmal auf die Wiesen am Fluß bei Graditz (am rechten Ufer) entführen, wo die Lehndorffs ein Gestüt leiteten:

Wenn die Schneeschmelze kam und die Elbe über ihre Ufer trat, wurde es auf den Elbwiesen aufregend. Dann schlugen die vom Frühlingssturm gepeitschten Wellen gegen den Damm, und man stand vor einer unübersehbaren Wasserfläche, aus der die Bäume manchmal nur noch mit der Krone herausragten. Wilde Gänse und Enten trieben hoch am Himmel oder tief über den Schaumkronen dahin, und große Greifvögel, die man sonst nicht sah, jagten nach Beute. Ein Stück Urwelt war in unser wohlbehütetes Dasein hereingebrochen, und oft stand ich tief bewegt und im Innersten aufgewühlt an irgendeiner sturmgeschützten Stelle, um möglichst viel von dieser wilden Musik in mich aufzunehmen und mich von ihr in meine Träume begleiten zu lassen. Auch heute noch kehren solche Träume gelegentlich wieder. Ich sehe die Landschaft ins Unermeßliche geweitet. Keilförmig angeordnete Züge von Wildgänsen ziehen himmelhoch in den verschiedensten Richtungen über mich hinweg. Ich höre ihr eifriges Geschnaggel und fühle mich ihnen sehnsuchtsvoll verbunden.
Wenn das Wasser anfing zu steigen und die Wiesenflächen noch nicht ganz davon bedeckt waren, fuhren wir manchmal mit einem Kahn zu den etwas höher gelegenen Stellen, um Hasen zu retten, die sich dorthin zurückgezogen hatten.

[Eine solche Fahrt] führte mich durch eine Gruppe weit aus-
einanderstehender alter Bäume, und was mich besonders
faszinierte, war eine Ratte, die, mit silbergrauen Luftperlen
übersät, unter meinem Fahrzeug hindurchschwamm, um
das weit entfernte Ufer zu gewinnen.
Die vom Wasser bedrohten Mäuse schlossen sich manchmal
zu Tausenden zusammen und schwammen, eng aneinander-
gedrängt, auf das Ufer zu. Es sah dann so aus, als wenn eine
graue Decke angetrieben würde, und man traute seinen
Augen nicht, wenn diese Decke über den Damm weiterrollte
und auf der trockenen Seite in den Büschen verschwand.

Und natürlich bleiben nicht nur die spektakulären Hochwasser
im Gedächtnis, sondern vielmehr die Art, wie der Fluß einfach
dazugehörte, auch wenn gar nichts Besonderes war:

Jenseits des Dammes ging man noch etwa zwanzig Minuten, bis man an die Elbe kam, die zur Sommerzeit friedlich
und verträumt zwischen ihren mit Weidengestrüpp bewach-
senen Ufern dahinzog. Gelegentlich wurde sie durch einen
Schleppdampfer aufgestört, der mit drei oder vier Lastkäh-
nen im Gefolge stromaufwärts keuchte oder, sehr viel
behender, stromabwärts trieb. [...] Die Elbe war auch unser
liebstes Ziel, wenn wir als kleine Kinder mit unserer Mutter
ausgingen. Dort saßen wir dann stundenlang auf einer der
ins Strombett hinausgreifenden Buhnen, spielten im Sand,
ließen flache Steine auf der Wasserfläche springen, hörten
den Falken zu, die in den nahen Pappeln zu Hause waren,
und starrten in die friedvolle Landschaft auf dem gegenüberliegenden Ufer, aus der die roten Dächer des Dorfes
Weesnig als Symbole der Unerreichbarkeit herüberwinkten.

Bei Riesa schwindet das Gefühl von Zeitlosigkeit wieder. Eine
Gegenwart mit neuem Gesicht prägt eine Gegend, die jede Men-
ge Wandel kennt. Bis in die Neuzeit ein kleines Nest in hübscher
Lage 15 bis 20 Meter über dem Niveau der Elbe und der Niede-

rung, begann der spätere Industrie- und Verkehrsknotenpunkt mit einem großen Hafen in der ersten Hälfte des 19. Jahrhunderts rasant zu wachsen, nachdem 1835 die ersten Dampfschiffe dort Station machten und der Ort 1839 die erste Eisenbahnbrücke Deutschlands erhielt. An dem Umschlagplatz zwischen Fluß und Schiene siedelten sich Holz- und Schwerindustrie an. Bis zum Ende der DDR-Zeit war Riesa ein wichtiger Standort der Stahlindustrie mit hohem Arbeitskräftebedarf. In der Innenstadt erinnert eine moderne Plattenbauallee an diese letzte Wachstumsphase, in der es die Stadt auf über 50 000 Einwohner brachte. Seit der Wende ist die Lage schwierig, fehlende Absatzmärkte und die völlig veraltete Technik der Stahlwerke führten zu Stillegung und Abriß; 13 000 Arbeitsplätze fielen weg. Jetzt soll „industrielle Umprofilierung" die wirtschaftliche Situation zum Erträglichen wenden.

Am Markt und dem ehemaligen Kloster ist noch etwas vom ursprünglichen Ort zu sehen. Und dahinter führt ein Spazierweg über den alten Treidelpfad durch die Elbauen den sächsischen Weinhügeln entgegen.

Nordöstlich von Riesa liegt der kleine Ort Zeithain, Teil des Riesaer Industriegebiets und vor allem bekannt durch ein vor über 250 Jahren veranstaltetes Spektakel: das Lustlager von Zeithain, an das heute noch vier Obelisken erinnern. 1730 zog hier August der Starke, prunkliebender Kurfürst von Sachsen, 30 000 Mann zu einem Großmanöver zusammen, bei dem der Weltöffentlichkeit in Gestalt einer großen Schar illustrer Gäste die beeindruckende Kampfkraft des Heeres demonstriert werden sollte. 47 Fürsten, darunter König Friedrich Wilhelm I. und Kronprinz Friedrich von Preußen, wohnten den Übungen von einem „Königlichen Hoflager" mit Pavillons und Zelten aus bei. Höhepunkt der Ereignisse war ein Fest am 27. Juni, das in die Geschichte eingegangen ist, wie bei Herrn Münnich beschrieben:

Damals wurde am diesseitigen Ufer [...] jene berühmte Illuminazion veranstaltet, zu welcher über 200 Zimmerleute in 6 Monaten einen ungeheueren Palast von 18 000 Stämmen und eben so vielen Bretern errichtet und mit 6000 Ellen bemalter Leinwand und Transparents beschlagen hatten. Die Anzündung von mehr als einer halben Million bunter Lampen geschah durch 400 Menschen zu gleicher Zeit. Damit war ein großes Feuerwerk auf der Elbe verbunden, wobei feuerspeiende Wallfische und Delphine die Elbe, auf welcher eine kleine Flotte von 50 Schiffen, mit 550 holländisch gekleideten Matrosen bemannt und bis in die Mastbaumspitzen illuminirt, daher schwamm, gleichsam in ein Feuermeer verwandelten, während aus dem Admiralschiffe Musik und italienischer Gesang erscholl.

Das Fest war ein einsamer Höhepunkt in den schlechten Zeiten der schlesischen Kriege, unter denen die sächsische Bevölkerung in den darauffolgenden Jahren schwer zu leiden hatte; das Gelände selbst wurde später Truppenübungsplatz und im Zweiten Weltkrieg ein Kriegsgefangenenlager, in dem mehr als 75 000 sowjetische Soldaten umkamen. An sie erinnern die Ehrenfriedhöfe der Gegend.

Hinter Riesa beginnt die Oberelbe. Von dieser Stelle, wo der Fluß aus dem letzten Gebirge austritt, bis zur Quelle sind nun gut 1300 Meter Höhenunterschied zu überwinden. Der Charakter der Landschaft wandelt sich wenige Kilometer hinter der Stadt mit dem Übergang zur Lausitzer Granitplatte, einem von Süden nach Norden abfallenden Gebirgssockel, dessen Felsen zwischen Leckwitz und Meißen stellenweise bis zu 90 Meter über dem Fluß aufragen. Im sich verengenden Elbtal (keine Dämme mehr) folgen rechts dicht aufeinander kleine Ortschaften, durch die der Radweg direkt am Ufer führt. In Merschwitz am Fährhaus in der Fährstraße 10 sind die Wasserstände der bedrohlichsten Hochwasser angezeichnet, und an den Eckpfeilern des Hauses läßt sich erkennen, wie hart sie im Winter bisweilen von Eisschollen gerammt werden. Bald hinter dem Ort liegt wunderschön über dem Wald am linken Ufer das nach Süden hin spitzwinklig zulaufende Schloß Neuhirschstein, heute ein Kindersanatorium, von dessen Gelände man einen herrlichen Blick hat über die am rechten Elbufer einsetzenden Weinterrassen von Diesbar-Seußlitz und darüber hinaus. Die nördliche Spitze des sächsischen Weinbaugebiets ist erreicht.

Von Diesbar-Seußlitz über Meißen, Dresden bis an die deutsche Grenze und nach Böhmen hinein, da sind sich die Gemüter einig, ist das Elbtal nicht anders als wunderschön zu nennen. Sagen wir, um den Wettstreit mit anderen Flüssen zu meiden, hier beginnt der schönste Teil der Elbe. Seit Urzeiten touristisch erschlossen – und nicht zuletzt dank der vielen Umwälzungen, die immer wieder neue Verhältnisse bescherten – wird eine ausgesprochen nette Mischung von Unterkünften geboten, vom durcherneuerten Edelhotel zum antiquierten Gästezimmer mit Familienanschluß, für ganz unterschiedliche Geschmäcker und Geldbeutel. Allenthalben locken Gasthäuser, Eiscafés, Weinstuben, oft als Gartenlokale mit Terrassen unter alten Bäumen, oft mit herrlichen Ausblicken über Weinberge, Wälder, Schlösser und Herrensitze, die Elbe. Es gibt Wanderwege, Radwanderwege, Schmalspurbahnen, Raddampferfahrten, Streichelzoos, sogar eine Biberfarm, auf der man die Tiere erst besuchen und den Ausflug dann mit einem Biberessen beschließen kann.

Zwischen Diesbar-Seußlitz und Meißen hat sich die Elbe ein schmales Tal durch den Granitsockel gefressen. Nur von kleinen Wiesen begrenzt wälzt sie sich in langen Schleifen zwischen den Bergen hindurch. Stellenweise ragt das Ufer unmittelbar an beiden Seiten des Flusses auf, dann weitet es sich zur rechten Elbseite hin, und am linken Ufer dehnen sich die bewaldeten Höhen bis nach Cossebaude hinunter, von kleinen romantischen Flußtälern durchschnitten, in denen Wassermühlen klappern, und mit hohen Felsspornen durchsetzt, die in Abständen von Schlössern gekrönt sind. Gemäßigt wild zwar, aber durchaus etwas für Naturschwärmer, die urtümliche Romantik mögen, während die Weinberge auf der anderen Seite – heute vielfach mit Spargelfeldern und Obstgärten durchmischt, Kirschbäumen mit Erdbeeren auf dem Untergrund etwa – eine zivilisierte, südländische Lieblichkeit entfalten. Bevor sich die Elbufer so deutlich zu scheiden beginnen, taucht hinter einem langen Bogen die Stadt Meißen auf.

Man nimmt zuerst die Brücke wahr, die sich im Fluß spiegelt, den Winterhafen vor der Unterstadt am rechten Ufer, die weite Wiese im Knie gegenüber. Dann kommt sie und zwar, wie so oft, in Wirklichkeit schöner als auf sämtlichen Fotos: die Albrechtsburg. Hoch auf einem Felsen vor und über der Altstadt. Kenner empfehlen für den Blick die frühen Morgenstunden, wenn das erste Licht einen bläulichen Hauch über das altertümliche Bild vor dem schon hellen Himmel legt, oder die Zeit kurz vor Sonnenuntergang, wenn die Abendsonne die Dächer vergoldet. Scharf gegen den Himmel abgehoben wirkt die Silhouette wie aus dem Märchen, als hätte dieses älteste der deutschen Schlösser schon alles, was später zum Inbegriff wurde. Tagsüber wirkt es alltäglicher, die Lage bleibt berückend, die Proportionen der Türme und Fenster harmonisch ausgewogen, aber es steht nicht mehr so herausgehoben da, und das neue Weiß der Fassaden holt es noch eher in die Normalität zurück als einst das kontrastlosere Grau.

Auf der Straße von Süden durch die Weinberge kommend sind Stadt und Burgberg mit Schloß und Dom schon von weitem über die Elbe zu sehen. Die galerieartig bergan gestuften Dächer über dem Triebischtal sind unübersehbar schön an den Hang geschmiegt, ob man wie Ludwig Richter zu Fuß oder wie Viktor Klemperer mit dem Auto anreist.

Sollten Sie sich so für die Region interessieren, daß Sie einen geschichtlichen Exkurs in die Alltagswelt zur Hitlerzeit ertragen, wird Ihnen in Klemperers Tagebüchern mit dem Titel *Ich will Zeugnis ablegen bis zum letzten* ein einmaliger Zugang geboten. Als Romanistikprofessor jüdischer Herkunft in Dresden war er von 1933 an unaufhaltsam zunehmenden Schwierigkeiten ausgesetzt, die das, was er eigentlich vom Leben erwartete, mit jedem Jahr weiter in unerreichbare Ferne rückten. Ist man bei der Lektüre über die Kriegsjahre in erster Linie von dem mitgenommen, was Viktor Klemperer selbst durchzustehen hat, so berühren in den ersten Jahren des Hitlerregimes andere Dinge, etwa wie die Schlinge sich unablässig weiter und weiter zuzieht oder wie lange er ständig bekundet, nun den schwärzesten Tag seines Lebens erlebt zu haben, während man als Leser weiß, wieviel schlimmer es noch kommen wird. Gerade die akribischen Aufzeichnungen der Pläne, Hoffnungen, Wünsche, deren Verwirklichung zum Teil noch gelingt, wenn auch unter erdrückender finanzieller und psychischer Belastung, geben einen fesselnden Eindruck davon, was für ihn als ehemals gut gestellten Bürger quasi fraglos zum Leben gehört (wodurch wir ein typisches Bild aus diesen Jahren vermittelt bekommen) und wie ihm die Umstände ganz andere Verhältnisse aufzwingen, unter anderem eine schreckliche, unaufhörliche Geldnot.

Dem Ernst der Tagebücher ist im hiesigen Kontext nicht gerecht zu werden. Lassen Sie sich trotzdem einen kleinen Einblick in die besondere Alltäglichkeit der Aufzeichnungen geben: Zu den noch realisierten Wünschen gehört 1936 die Anschaffung eines Autos. Es soll vor allem Eva Klemperer, die nicht gut zu Fuß ist, zu mehr Beweglichkeit verhelfen. Nach ersten kleinen Ausflügen wagen sich die beiden an größere Touren, die, wie könnte es anders sein, auch wieder etwas von Tapferkeitsprüfungen haben.

Kaum waren wir aus dem ganz verstopften Radebeul heraus und auf der freieren Straße nach Meißen, da begann der Motor zu rasen, ohne daß ich ihn abstoppen konnte, ich mußte immerfort bremsen, und das Kühlwasser lief kochend heraus. Wir hielten an einem Steinbruch; drei Arbeiter kamen in ihrer Mittagspause, der eine mit offenem Taschenmesser, heraus und halfen sofort freundlich und sachverständig. (Welch eine auch landschaftlich stimmende herrliche Zeitungsaufnahme: Rote spanische Terroristen halten mit offenem Messer ein Auto an und untersuchen es!) Der Federzug vom Gashebel zum Vergaser war ausgeleiert und verhakt. Erste Hilfe; wir sollten aber die Feder in einer Meißener Werkstatt auswechseln lassen. 50 Pf und drei Zigarillos und das frohe Gefühl, freundliche Leute gefunden zu haben. Dicht vor der Meißener Elbbrücke eine Werkstatt. Großer Betrieb an der Landstraße. Ein süddeutscher Monteur, eine Besitzerin. Die Feder sei gut, nur nachgestellt mußte sie werden. Wieder eine halbe Stunde Aufenthalt. 1,20 M Kosten. Jetzt der Genuß des Fahrens. Das wundervolle Bild am Fluß oberhalb Meißens, die prachtvolle Straße nach Oschatz. Eine Weile größter Beglücktheit, dann begann das Rasen von neuem, schlimmer als zuvor.

Mit circa 33 000 Einwohnern ist Meißen kleiner geblieben als das viel später entstandene Riesa. Früh im Zuge der Missionierung des Ostens gegründet, erlebte es seine Blüte bis zum Ende des 15. Jahrhunderts. Meißner Deutsch prägte noch Luthers im Zuge der Bibelübersetzung entwickeltes Hochdeutsch. Von 1485 nicht mehr als Residenz der sächsischen Herrscher benutzt, dümpelte es als Handwerkerstadt dahin, wurde im Dreißigjährigen Krieg zur Hälfte eingeäschert – nur, könnte man fast sagen, verglichen damit, wie es Städten wie Magdeburg erging – und brauchte danach bis ins Industriezeitalter, um sich wirtschaftlich zu erholen. 1990 brach die Industrie wieder zusammen. Die Stadt hat, vielleicht begünstigt durch die langen Schlafenszeiten, ihre von alters gewachsene Struktur und zahlreiche Bauwerke der Gotik und Renaissance bewahrt. Schlaf- oder Besinnungszeiten, denn Meißen hat zwar kein rasantes Wachstum erlebt, war aber auch nie so abseits wie Tangermünde oder Havelberg nach ihren Blütephasen. Dazu war Dresden zu nahe und die Umgebung im ganzen zu lebendig, das Städtchen selbst zu anziehend. Die alten Bauten wurden immer wieder „umgenutzt". Nach der Reformation gründete Herzog Moritz im ehemaligen Augustinerstift St. Afra 1543 die erste fürstliche Landesschule Deutschlands, in die Jungen aus allen Schichten kostenlos aufgenommen wurden, wenn sie durch besondere Begabung auffielen. Dort erhielten Johann Fürchtegott Gellert, Gotthold Ephraim Lessing und Samuel Friedrich Christian Hahnemann ihre Bildung, um nur die größten Namen zu nennen. Nach Gellert, der ein begeisterter Genießer der Gegend war, sind bis heute allenthalben Wege und

Lokalitäten benannt, vornehmlich in den Weinbergen gegenüber von Meißen. Lessing galt als übermäßig bildungshungriger Schüler, er habe sich neben dem Unterricht noch die gesamte Bibliothek erarbeitet, heißt es, und er dachte später dankbar an die Toleranz der auf St. Afra genossenen Bildung zurück. Hahnemann, der Erfinder der Homöopathie, war geborener Meißner. Man darf annehmen, daß auch seine Eigenheit zu Schulzeiten gefördert wurde. Später jedoch machte man ihm das Leben seiner Ideen wegen schwer, und er konnte erst in Ruhe daran arbeiten, als der Dessauer Fürst Franz ihn als Leibarzt zu sich holte. Die Schule, die heute wieder an die ruhmreiche Zeit anzuknüpfen sucht, diente nach 1945 kurzfristig als Kaderschmiede der SED und danach als LPG-Hochschule.

Auf der Albrechtsburg, seit Ende des 19. Jahrhunderts Museum mit Konzert- und Tagungssälen, fand am 3. Oktober 1990 die feierliche Gründung des Freistaates Sachsen statt. Anfang des 18. Jahrhunderts diente sie ihrer abgeschnittenen Lage über der Stadt wegen als Gefängnis für den Erfinder des europäischen Porzellans, den Alchimisten Johann Friedrich Böttger, der dort streng bewacht unter äußerster Geheimhaltung an der Verfeinerung der Rezeptur arbeitete und die erste Meißner Porzellanmanufaktur einrichtete, die später, als sie ihre Produktion ausweitete, bald an die heutige Lage im Triebischtal umsiedelte. Das Erfolgsprodukt des Ortes wie die traurige Geschichte seiner Entstehung sind, wo man in der Stadt hinkommt, bis heute unübersehbar gegenwärtig. Die Freiheit mit Dom und Schloß ist unbedingt sehenswert, nur leider seit 1990 ziemlich überlaufen, so daß man schon ausgesprochener Menschenfreund sein oder sich an Wochentagen außerhalb der Ferienzeiten dort einfinden muß, um wirklich etwas von der Atmosphäre zu genießen. Den Eindruck der Elbe von hier oben besang 1734 Johann Sebastian Bach in einer Geburtstagskantate für den König:

Schleicht, spielende Wellen, und murmelt gelinde!
Nein, rauschet geschwinde,
Daß Ufer und Klippe zum öftern erklingt!

Die Freude, die unsere Fluten erreget,
Die jegliche Welle zum Rauschen beweget,
Durchreißet die Dämme,
Worein sie Verwunderung und Schüchternheit zwingt!

Die Schwärmerei mag geburtstagsfeierlich auf Fluß, Himmels-
und Landesherr verteilt sein, wer hier von oben auf die Elbe
schaut, kann schon von besonderen Gefühlen erfaßt werden.
Fluß und Stadt zu Füßen erschließt sich dem Blick ein eigentümlich bewegendes Panorama. Als junge Frau Anfang der siebziger
Jahre auf einer Reise in die DDR hatte ich hier zum erstenmal
den Eindruck, wirklich in Deutschland angekommen zu sein.
Damals lebte ich längst wieder in Hamburg und dachte nur noch
selten an die Fremdheit, die mir die erste Zeit nach den Kinder-
jahren in den USA schwergemacht hatte. Aber auf einem Spaziergang durch die Meißener Altstadt entdeckte ich endlich lauter Entsprechungen zu Dingen, die ich bis dahin nur aus den
Schilderungen in Kinder- und Jugendbüchern kannte, die mir
meine Großeltern nach Amerika geschickt hatten, damit ich Hei-
matliches zu lesen bekam. Was mich ansprach, war nicht so sehr
das Altertümliche des Straßenbilds – enge Gassen mit historischen Häusern kannte ich auch aus westdeutschen Altstädten –
als vielmehr der Fortbestand anderswo verschwundener Elemente städtischen Lebens in einer Umgebung, deren Anlage schön,
deren Substanz alt und seit Jahrhunderten im Gebrauch war.
Eine ganz eigene Art der Gepflegtheit also. Es waren die halb-
hoch angesetzten Vitrinenfenster der kleinen Geschäfte mit
ihrem sparsamen, liebevoll aufgebauten Angebot, die Farben der
Verpackungen, ihre Gestaltung, die für die Ladenschilder ge-
wählten Schriften. Die Tatsache, daß Kittelschürzen und Hoch-
wasserhosen normale Kleidung waren statt – was waren es
damals? – Trevirahosen mit Bügelfalte? Daß nicht alles frisch
gestrichen war, nicht alles neu, sondern ganz offenbar oft gewa-
schen und noch gerade gut genug. Gardinen zum Beispiel. Wie
hatte es mich nach der Rückkehr aus Amerika verwirrt und
genervt, daß man in Westdeutschland vor lauter Nachahmungs-

eifer noch im engsten Krämerladen Selbstbedienung mit Ein-
kaufswägelchen einführte und jedes popelige Waschmittel knal-
lig aufmachte. Klar fand ich es viel schicker, an der Theke einzu-
kaufen und Bonbons einzeln aus Gläsern abgezählt zu kriegen,
aber woran ich mich vor allem rieb, war der Widerspruch, der
darin lag, daß man gute alte Dinge über Bord warf, wenn man
doch lauter schlechte alte Sitten behalten wollte: das Steife,
Superordentliche zum Beispiel.

Ich gebe zu: mir gefielen auch das holprige bis löcherige Kopfsteinpflaster, die funzeligen Laternen, die grauen Fassaden gegen
die roten Dächer, die dünnen, leicht welligen Fensterscheiben,
Dinge also, die den Einheimischen wahrscheinlich ein Dorn im
Auge waren. Aber es war ein schöner Herbsttag mit minimalem
Braunkohlegeruch, der blaue Himmel hellte alles auf, und der
Blick vom Bischofsberg die Elbe hinauf und hinunter war einfach
überwältigend. Und ich hatte ja kein Ideal entdeckt, sondern es
wirkte einfach alles so deutsch. Mochte es gut sein oder schlecht,
erst mal war es hübsch und stellte eine Verbindung her, die ich im
modernen Hamburg, in den museal restaurierten Stadtkernen
historisch bedeutender Orte im Westen vermißt hatte, ohne recht
zu wissen, was mir fehlte. Wobei ich, um dem Vorwurf zu begegnen, ich sei hoffnungslos romantisch, zu bedenken gebe, daß
mein Besuch in den frühen siebziger Jahren stattfand. Auf Reisen
gegen Ende der DDR-Zeit habe ich in etlichen Städten gesehen,
wie bedrohlich der Verfall geworden war und wie schamlos alte
Gaslaternen und Pflastersteine verhökert wurden, ohne daß man
vor Ort notwendige Reparaturen durchsetzen konnte. In Meißen
stand 1989 auf einem Plakat: Besuchen Sie Meißen – solange es
noch steht! So traurig kann Deutschland sein.

Seitdem ist wiederum viel geschehen, und trotzdem können
Sie noch aus der Unterstadt den Burgberg zum Schloß hinauf-
steigen, wie von Ludwig Richter einst beschrieben, der von 1828
bis 1835 an der Kunstschule in der Albrechtsburg als Zeichenlehrer tätig war:

Mein täglicher Weg nach der auf dem Burgberg gelegenen Zeichenschule bot Kunstgenuß von Anfang bis zum Ende. Schon die Strecke von der alten Afrakirche durch das Tor des Burglehnhauses nach der Schloßbrücke, die den Afraberg mit dem Burgberg verbindet und von Kaiser Heinrich I., dem Städtegründer, erbaut sein soll, war reich an höchst malerischen Einzelheiten; man verweilte immer gern zwischen den hohen Brustwehren dieses Übergangs und genoß die Aussicht von da herab in das einsame, stille Meisetal, oder nach der anderen Seite hin über die unten liegende Stadt, mit der Elbe und den Spaarbergen, über das reiche, weite Elbtal bis Dresden zu den fernen Bergen des böhmischen Hochlandes.

Durch ein zweites altes Tor trat man auf den Domplatz und stand nun vor der im reinsten gotischen Stil ausgeführten Domkirche und der Albrechtsburg, einem der wenigen noch erhaltenen gotischen Palastbauten. Der kunstreiche Turm mit der Wendeltreppe, ein Meisterwerk altdeutscher Kunst, führte mich zu den im zweiten Stockwerk gelegenen herrlichen Räumen der Kunstschule, wo die Plätze der jugendlichen Insassen sich wie Sperlingsnester am Hochaltar ausnahmen. An den mächtig großen Fenstern standen zwei Arbeitstische, für den alten Zeichenlehrer Schaufuß und für mich. Nach beendeter Korrektur konnten wir da arbeiten und uns zwischendurch wohl auch an der schönen Aussicht ergötzen, auf die in der Tiefe liegende Elbe und den Proschwitzer Felsen.

Zwischen Meißen und Dresden locken linkselbisch die Schlösser Siebeneichen, Batzdorf und Scharfenberg, letztere eine *der* Stätten der Romantik in Deutschland, wo Novalis sich mehrere Jahre im Sommer einmietete und Baron de la Motte Fouqué seine *Undine* verfaßte. Bei Scharfenberg wurde bis zum Ende des 19. Jahrhunderts Silber abgebaut. Der Untere Stausee des Pumpspeicherwerks bei Niederwartha ist der größte Badesee der Gegend. Die Nähe Dresdens macht, daß die einstige Verträumtheit der bewaldeten Höhen nun auf kleinere Flecken begrenzt ist. Direkt am Fluß führt die Meißener Straße ins weite Elbtal mit der großen Stadt.

Rechtselbisch laden bis hinunter nach Pirna die Weinberge ein. Der sächsische Weinbau hat uralte Tradition, kam aber nach den Reblausepidemien von 1886 und 1889 fast zum Erliegen und wurde erst in den fünfziger Jahren wiederbelebt, auf verkleinerten Flächen. Man wählte im wesentlichen die sonnenbegünstigten Seiten der Hänge, während ebene Flächen mit anderen Gartenfrüchten bepflanzt wurden. Daß man den Elbweinen häufig zuerst hier in ihrer Heimat begegnet, liegt nicht an ihrer Qualität, sondern an der Größe des Anbaugebiets: mit ca. 300 Hektar ist es das kleinste Weinbaugebiet in Deutschland. Gekeltert werden, überwiegend von kleinen Privatwinzern, in erster Linie trockene Weißweine, die auch Kennern zusagen. Sie erfreuen sich an der lokalen Eigenart der Weine, schmecken Harz- und Honignoten heraus, riechen hier Apfelmus mit einer Prise Muskat, finden dort den zarten Duft nach Grapefruit und Holunderblüte im Mund bestätigt, oft bei lang anhaltendem, leicht süßem Geschmack mit einem sich zuspitzenden Abgang. Und resümieren: Die ehemals als DDR-Weine kursierenden Kreszenzen haben sich zu Raritäten von höchstem Niveau gemausert. An Probierstuben, Weinlokalen, Herrenhäusern und Schlößchen zwischen idyllischen Weinbergen hat es keinen Mangel, obwohl Coswig und Radebeul mittlerweile fast übergangslos mit Dresden verwachsen sind. Die sehenswertesten Schlösser sind Hoflößnitz – dort insbesondere die Pöppelmannsche Treppe mit 365 Stufen für die Tage des Jahres, 52 Absätzen für die Wochen und 12 Ruheplätzen, für jeden Monat einen – und Wackerbarths Ruhe, dessen Belvedere am Rebhang das meistfotografierte Weinmotiv der Gegend sein dürfte (wobei die Aussicht über das Elbtal genausoschön ist). Im Sächsischen Staatsweingut Schloß Wackerbarth wird unter anderm Sekt gekeltert.

Mit dem Anwesen Hohenhaus in Radebeul-Zitschewitz verbindet sich eine literarische Anekdote. Dort wuchsen Ende des 19. Jahrhunderts drei Töchter Thienemann auf, die den drei Brüdern Georg, Carl und Gerhart Hauptmann gefielen und nacheinander von diesen geheiratet wurden. Die Geschichte ist offenbar dazu angetan, Blüten der Phantasie zu treiben. In so manchem Buch über die Gegend ist sie zur lustigen Dreifach-Hochzeit hochstilisiert. Nachzulesen ist die wahre Geschichte im zweiten Band von Gerhart Hauptmanns *Abenteuer meiner Jugend,* literarisch umgearbeitet hat der Autor sie zweimal: *Die Hochzeit auf Buchenhorst* ist eine Novelle über eine geplatzte Hochzeit (Sollte Hauptmann dort die Tatsache aufgearbeitet haben, daß seine Ehe mit Marie Thienemann schon bald wieder geschieden wurde?); das Lustspiel *Die Jungfern vom Bischofsberg,* wohl Anlaß zu den Phantasieflügen, steht schon seit langem nicht mehr auf deutschen Spielplänen. Hohenhaus selbst birgt ein Hauptmann-Archiv.

Neun Kilometer von der Elbe, aber unbedingt sehenswert ist das Wasserschloß Moritzburg mit Anlagen. Dort starb im April 1945 über siebzigjährig die Bildhauerin Käthe Kollwitz, die erst in den letzten Kriegsmonaten dahin evakuiert wurde. Eine Gedenkstätte im Schloß zeigt eine Auswahl aus ihrem Werk.

Die vielen Dichter aufzuzählen, die angeregt vom heiteren Flair der Gegend in ihren Versen die Elbe auf der-, die-, dasselbe reimten, will ich Ihnen ersparen. Doch eines muß noch sein, bevor es weiter flußauf geht: ein Besuch im Karl-May-Museum in der Villa Shatterhand, Karl-May-Straße 5 in Radebeul. Die Villa bezog Karl May mit seiner Frau Emma 1895/96, endlich seiner lange quälenden Geldsorgen ledig, nachdem er schon seit 1888 in Radebeul gewohnt hatte. Den Namen Shatterhand ließ er selbst noch vor seinem Einzug anbringen. Arbeitszimmer und Bibliothek stehen zur Besichtigung offen. Die Ausstellung über Leben und Werk ist genauso sehenswert wie das mittlerweile international bekannte Indianermuseum in der Villa Bärenfett auf demselben Grundstück. Wie sehr der Indianerautor Karl May dazu neigte, hier und da einfach ein Stück Sachsen ins ferne Amerika zu verpflanzen, ist zum Beispiel in der Reiseerzählung *Satan und Ischariot* zu lesen, wo es am Rio Sonora in seinem vorgestellten Arizona/Texas/Mexiko eine Felsenburg gibt, die

genauso aussieht wie der berühmte Kuhstall in der Sächsischen
Schweiz. Aber nicht nur das. Im zweiten Band der Erzählung
„outet" sich Karl May. Wer es schon immer geahnt hat, bekommt es endlich schwarz auf weiß: Old Shatterhand ist niemand anders als der Autor selbst. Als er sich einmal nach ausgedehnten Reisen in den Wilden Westen und den Orient länger
daheim aufhält, zwischen seinen Büchern vergraben, und nur
einmal in der Woche in den Gesangsverein geht, um unter Menschen zu kommen, begibt sich etwas Außerordentliches. Eines
Sonnabends meldet der Wirt zwei Herren, einen jungen anstän-
digen und einen ganz eigentümlichen dunkelfarbigen Menschen:

Und da stand er unter der Thür! Winnetou, der berühmte
Häuptling der Apatschen in Dresden! Und wie sah der
gewaltige Krieger aus! Eine dunkle Hose, eine ebensolche
Weste, um welche ein Gürtel geschnallt war, einen kurzen
Saccorock; in der Hand einen starken Stock, und auf dem
Kopfe einen hohen Cylinderhut, den er nicht abgenommen
hatte!

Karl May springt auf ihn zu, sie herzen und küssen einander, und
Winnetou bricht, „was bei dem Apatschen noch nie vorgekom-
men war", in Lachen aus, weil die Gestalt, in der er seinen Old
Shatterhand vor sich sieht, „gar so zahm ist". Es gibt ein großes
Hallo – die Gesangsbrüder singen für den Häuptling ein brau-
sendes „Dreimal hoch", und als wieder Ruhe einkehrt, spricht
Winnetou:

„Mein Bruder lasse sich nicht stören. Die Botschaft, welche
ich bringe, ist wichtig; aber ist eine Woche und mehr darüber
vergangen, so kann auch noch eine Stunde vergehen."
„Wie aber hast du mich hier finden können?"
„Winnetou ist doch nicht allein. Das junge Bleichgesicht,
welches Vogel heißt, ist mitgekommen. Dieser kannte deine
Wohnung und führte mich hin. Wir hörten, du seist dorthin
gegangen, wo gesungen wird; da wollte ich auch gern singen

hören. Später kehren wir in deine Wohnung zurück, und dort werde ich dir sagen, aus welchem Grunde ich über das große Wasser gekommen bin."

„Gut, ich gedulde mich also bis dahin, und du sollst nun deutschen Gesang zu hören bekommen."

Als die Sänger von dem Wunsche des Apatschen hörten, waren sie natürlich gern bereit, denselben zu erfüllen. Wir setzten uns mit Vogel an einen abgelegenen kleinen Tisch und bestellten Bier, welches Winnetou sehr gern, aber auch sehr mäßig trank. Dann begannen die Vorträge, welche nicht anders als Konzert genannt werden mußten. [...] Es war wohl gegen Mitternacht, als der Apatsche erklärte, daß er nun genug gehört habe. Die eifrigen Notenbrüder hätten ihn noch gern bis morgen früh und auch noch länger unterhalten. Er bedankte sich bei ihnen, und dann gingen wir. Er sagte kein Wort über das, was er gehört hatte, aber da ich seine Eigenart kannte, wußte ich gar wohl, welch einen tiefen und unauslöschlichen Eindruck der deutsche Gesang in seiner Seele zurückgelassen hatte.

Die Gelegenheit, Winnetou in Sachsen zu erleben, gibt es heute wieder: in der Sächsischen Schweiz, wo auf der Felsenbühne in Rathen alljährlich Werke von Karl May zur Aufführung kommen, heimgeholt ins eigentliche „Karl-May-Country".

„Auferstanden aus Ruinen"

Elbestadt Dresden

Carl Gustav Carus, Kahnfahrt auf der Elbe

Die Amerikaner kamen um fünf Uhr nachmittags in Dresden an. Die Türen der Güterwaggons wurden aufgerissen, und die Türöffnungen rahmten die bezauberndste Stadt ein, welche die meisten Amerikaner jemals gesehen hatten. Die Silhouette vor dem Himmel mit ihren Kuppeln und Spitztürmen war erhaben, märchenhaft und absurd. Billy Pilgrim fand, es sah aus wie ein Bild des Himmels aus der Sonntagsschule.
Hinter ihm im Güterwagen sagte jemand: „Wie im Freilichtkino." Das war ich. [...] Die einzige andere Stadt, die ich jemals gesehen hatte, war Indianapolis, Indiana.

So kam der Amerikaner Kurt Vonnegut in seinem Roman *Schlachthof 5* als Kriegsgefangener, kurz vor dem Bombardement durch die Engländer und Amerikaner am 13. und 14. Februar 1945 mit einem Güterzugtransport in die Stadt Dresden, wo die Gefangenen im Schlachthof an der großen Elbschleife untergebracht wurden. Und wurde Zeuge der Bombenangriffe und des Feuersturms, durch die schätzungsweise 35 000 Menschen ums Leben kamen und die Innenstadt auf einer Fläche von 27 Quadratkilometernin eine Trümmerwüste verwandelt wurde. Dresden war bisins letzte Kriegsjahr von allen Zerstörungen verschont geblieben, fast wollten die Bewohner glauben, daß die Alliierten einen besonderen Respekt für die bauliche Schönheit ihrer Stadt hegten, da kamen die nächtlichen Angriffe, legten die Stadt in Schutt und Asche und töteten nicht nur Tausende von Dresdnern, sondern auch zahllose Flüchtlinge, die auf dem Treck aus den verlorenen Ostgebieten in Dresden Station machten. Kurt Vonnegut ist nur einer von vielen Schriftstellern, die ihr Entsetzen über die Ereignisse in Worte faßten. Die berühmtesten Zeugnisse stammen von dem in Dresden geborenen Erich Kästner und von Gerhart Hauptmann, der dreiunddachtzigjährig in einem Sanatorium in Loschwitz lag, als die Stadt brannte.

Bemerkenswert an *Schlachthof 5* ist freilich, daß es die Wortlosigkeit angesichts eines solchen Geschehens zum Thema macht. Kein Pathos, keine Deklarationen – nicht einmal eine Beschreibung der erlebten Zerstörung ist zu lesen. Statt dessen führt der Erzähler vor, wie er sich und seinen Protagonisten Billy Pilgrim, Held ist er wirklich nicht zu nennen, vergeblich an das Erlebnis und seine Bedeutung heranzuführen versucht. Was die beiden damals mitbekommen haben, entzieht sich der Verarbeitung oder der Integration in ihre Normalität, die der Autor für sich in seinem Selbstporträt unter dem Titel des Buches wie folgt faßt: *„Schlachthof 5* oder *Der Kinderkreuzzug* von Kurt Vonnegut, jr., einem Deutsch-Amerikaner der vierten Generation, der jetzt in angenehmen Verhältnissen in Cape Cod lebt (und zuviel raucht), der vor langer Zeit als Angehöriger eines Infanterie-Spähtrupps kampfunfähig als Kriegsgefangener Zeuge des Luftangriffs mit Brandbomben auf Dresden, dem ‚Elb-Florenz‘, war und ihn überlebte, um die Geschichte zu erzählen."

Das Wort Kinderkreuzzug deutet es an, die in den Krieg geschickten Soldaten sind unendlich klein, mit nichts dazu ausgerüstet, das Grauen, an dessen Erzeugung sie als Handlanger beteiligt sind, zu begreifen. Sie können in ihr alltägliches Leben zurück, in angenehme Verhältnisse; eine Brücke zwischen dem Horror und ihrem kleinen Leben gibt es nicht. Sie sitzen da mit einem Strudel von Widersprüchen: soviel Schönheit mitten im Krieg angesichts der eigenen Erbärmlichkeit als Gefangene, angesichts der Greuel, für die Deutschland steht; so viele tote Zivilisten, soviel Zerstörung so kurz vor dem Ende des Krieges, und durch die Befreier. So ist denn „die bezauberndste Stadt, welche die meisten Amerikaner jemals gesehen hatten", mit ihren Kuppeln und Spitztürmen „erhaben, märchenhaft und absurd".

Das heutige Dresden ist mit etwa 480 000 Einwohnern kleiner als vor dem Zweiten Weltkrieg, doch immer noch nach Hamburg die größte Stadt an der Elbe und die eigentliche Elbestadt. Dresden liegt so an der Elbe, wie Hamburg an der Alster liegt. An beiden Ufern gewachsen, mit vier großen Brücken in dichter Folge im Zentrum, hat Dresden die Elbe zum Hausfluß gemacht, aus dem Stadtbild nicht wegzudenken, oder um es mit den Stadtplanern zu sagen, eine einzigartige Synthese zwischen Stromlandschaft und urbanem Raum. In einem weiten, langgezogenen Bogen durchzieht der Fluß das Zentrum Schloß, Zwinger, Hofkirche, Semperoper, die Brühlsche Terrasse auf dem linken Ufer, am rechten ein etwa 100 Meter breiter Wiesenstreifen, der bei Hochwasser überflutet ist, zu anderen Zeiten aber zum Drachenfliegen, Sonnenbaden, Ballspielen einlädt und dem Panorama eine großzügige Weite gibt. Dahinter die Neustadt mit dem Japanischen Palais, dem Blockhaus, den Ministeriumsbauten und dem größten zusammenhängenden Jugendstilviertel Europas, allerdings in den unterschiedlichsten Stadien des Verfalls und der Renovierung, mit einer außerordentlich lebendigen Kneipen- und Subkulturszene.

Lassen Sie mich hier schnell zwei Tips für die Neustadt loswerden, die auf keinen Fall untergehen sollten: In der Bautzener Straße liegt Pfunds Molkerei, ein 1892 gegründetes Milch- und Käsegeschäft mit märchenhaftem Dekor, nach fünfzigjähriger Vernachlässigung liebevoll restauriert und 1995 wieder eröffnet, ergänzt durch ein Restaurant im ersten Stock. In der Louisenstraße finden Sie das Kulturzentrum Die Scheune mit Scheunecafé und reichem Veranstaltungsprogramm. Angeschlossen ist der kleine Verlag gleichen Namens, dessen Bücher Ihnen in Dresdner Buchhandlungen allenthalben begegnen werden. Hier wird regionale Literatur herausgegeben, unter anderm die Dresden Krimis, eine Serie stadtbezogener Kriminalromane, die unbezahlbare Einblicke in die Stadtatmosphäre vor und nach der Wende bieten. Auch das kleine Altstadtlesebuch *Bekehrung am Elbufer* ist eine Fundgrube von Dresdenimpressionen aus den letzten zwanzig Jahren zwischen dem Grau der Betonkultur zu DDR-Zeiten und dem neuesten Wiederaufbaurummel.

Die Altstadt am linken Ufer mit den Brücken über den Fluß und dem Japanischen Palais gegenüber bietet das Bild, das Johann

Gottfried Herder zu dem Beinamen Deutsches Florenz anregte. Der Name hat sich gehalten. Hier auf dem Gebiet der seit dem 13. Jahrhundert gewachsenen Stadt, die Meißen 1485 als sächsische Residenz ablöste, ließen die Kurfürsten Friedrich August I., der Starke, und Friedrich August II. zwischen 1694 und 1763 die prunkvolle barocke Residenzstadt errichten, die sich August der Starke als junger Mann auf seinen Reisen durch Italien und Frankreich zu erträumen begonnen hatte. Sein Ziel war es, die im Süden erlebte Heiterkeit und Offenheit, die Lebhaftigkeit und Sinnenfreude sowie die Eleganz und den Pomp großmächtiger Hofhaltung an die Elbe zu holen. Klimatisch begünstigt, wie das Elbetal an dieser Stelle ist, mit Mandelblüte im Frühling und Weinlese im Herbst, schien es gleichsam von der Natur für den Import südlicher Lebensart geschaffen. Die Augusts scheuten weder Kosten noch Aufwand, um ein städtisches Ensemble zu schaffen, das seinesgleichen suchte, und Kunstschätze anzuhäufen, die Dresden fortan zur Kunstmetropole machten – wie Florenz. Der von Pöppelmann entworfene Zwinger mit seiner Porzellansammlung und dem Mathematisch-Physikalischen Salon, die Gemäldegalerie von Semper als Abschluß nach Norden (mit einer unglaublichen Fülle von üppigsten Ölschinken und mitten drin der Sixtinischen Madonna, ganz hinten unten ein paar berückende Dürers und Cranachs), am Theaterplatz die Altstädter Wache von Schinkel, die Semperoper und die fast zarte ehemalige katholische Hofkirche von Chiaveri schräg vor der Augustusbrücke: das ist – bitte wählen Sie Ihren eigenen Superlativ. Oder halten Sie sich an Erich Kästner in *Als ich ein kleiner Junge war*:

Dresden war eine wunderbare Stadt, voller Kunst und Geschichte und trotzdem kein von sechshundertfünfzigtausend Dresdnern zufällig bewohntes Museum. Die Vergangenheit und die Gegenwart lebten miteinander im Einklang. Eigentlich müßte es heißen: im Zweiklang. Und mit der Landschaft zusammen, mit der Elbe, den Brücken, den Hügelhängen, den Wäldern und mit den Gebirgen am Horizont, ergab sich sogar ein Dreiklang. Geschichte, Kunst und

Natur schwebten über Stadt und Tal, vom Meißner Dom bis zum Großsedlitzer Schloßpark, wie ein von seiner eignen Harmonie bezauberter Akkord.

Und dann zählt er sie auf, die Namen der vielen berühmten Kirchen und Schlösser, Gärten und Palais, nur um in den Ausruf zu münden:

Ja, Dresden war eine wunderbare Stadt. Ihr könnt es mir glauben. Und ihr müßt es mir glauben! Keiner von euch, und wenn sein Vater noch so reich wäre, kann mit der Eisenbahn hinfahren, um nachzusehen, ob ich recht habe. Denn die Stadt Dresden gibt es nicht mehr. Sie ist bis auf einige Reste vom Erdboden verschwunden. Der Zweite Weltkrieg hat sie in einer einzigen Nacht und mit einer einzigen Handbewegung weggewischt. [...]
Ich habe zwei Jahre später mitten in dieser endlosen Wüste gestanden und wußte nicht, wo ich war. Zwischen zerbrochenen, verstaubten Ziegelsteinen lag ein Straßenschild. 'Prager Straße' entzifferte ich mühsam. Ich stand auf der Prager Straße? Auf der weltberühmten Prager Straße? Auf der prächtigsten Straße meiner Kindheit? Auf der Straße mit den schönsten Schaufenstern? Auf der herrlichsten Straße der Weihnachtszeit? Ich stand in einer kilometerlangen, kilometerbreiten Leere. In einer Ziegelsteppe. Im Garnichts.

Dieser letzte Absatz liefert einen Hinweis darauf, weshalb es dem heutigen Dresdenbesucher nicht ganz leichtfällt, in den oft gehörten schwärmerischen Chor einzustimmen, selbst wenn man von der völlig ohne Bezug zur einstigen Gestalt der Stadt aufgebauten Gegend um den Altmarkt und die Prager Straße absieht und nur die sorgfältig rekonstruierten historischen Gebäude zur Flußfront hin betrachtet. Die Schönheit der Bauwerke und ihrer Lage zueinander zu erkennen ist eins, die vielbeschworene Heiterkeit zu spüren offenbar etwas anderes. Wir haben uns eben weit vom Barock entfernt. Schon allein, was das Äußerliche betrifft. Aus Elbsandstein erbaut, der wenig flußaufwärts aus dem Fels gebrochen und in großen Blöcken auf Kähnen antransportiert wurde, waren die Gebäude ursprünglich von heller Cremefarbe, wie es zum Beispiel auf den zahlreichen Stadtansichten Bernardo Bellottos, genannt Canaletto, von 1749 an dokumentiert ist. Die Gemälde sind im Zwinger in der Galerie Alte Meister zu sehen. Wer heute, weil die erst jüngst wiedererrichteten Baudenkmäler allzu schwärzlich wirken, Canaletto im Verdacht hat, die Farben geschönt zu haben, da er im italienischen Stil malte, der lasse sich im Museum für Geschichte eines Besseren belehren, wo die Dresdenansichten aus dem 19. Jahrhundert beispielsweise von Franz Wilhelm Leuteritz und Karl Heinrich Beichling zeigen, wie hell der Eindruck der Stadt vor der Industrialisierung gewesen sein muß. Mich als Kind des 20. Jahrhunderts erstaunt auf diesen Bildern außerdem, wieviel rohe Erde, wieviel Sand und Gras zwischen den Gebäuden zu sehen ist: Daß die Elbfront flächendeckend asphaltiert ist, dem Autoverkehr beim Wiederaufbau nach 1945 radikal der Vorrang gegeben wurde, dürfte den ästhetischen Effekt ebenso gründlich verändert haben wie die Schwärzung der Gebäude. Wenig Wunder also, daß die erst zerbombten und dann sorgfältig restaurierten Gebäude, die Hofkirche und die Semperoper etwa, so schön sie auch sein mögen, doch nicht recht die Heiterkeit von einst ausstrahlen. Zumindest die Silhouette mit ihren Türmen und Kuppeln aber soll bis zur 800-Jahr-Feier 2006 wieder komplett sein, denn dann soll auch die Frauenkirche, zu einem beträchtlichen Teil aus den alten Sandsteinquadern rekonstruiert, fertiggestellt sein.

An der Altstadtseite reichte die Bebauung in Gestalt mächtiger Festungsmauern seit alters her direkt bis an die Elbe. Der heutige Ufersaum mit den Schiffsanlegestellen der Weißen Flotte wurde erst nach dem Siebenjährigen Krieg aus den angefallenen Trümmern aufgeschüttet. Die Straße ist neueren Datums. Ein besonders prachtvoll gelegenes Stück der Befestigungsanlage vor dem alten Schloß und dem Neumarkt, an das damals noch unmittelbar die Flußwellen leckten, bekam um 1740 ein Graf Brühl zugesprochen, der dort von dem Architekten J.C. Knöffel ein Palais bauen und einen Garten anlegen ließ. So entstand die Brühlsche Terrasse, bekannt als der Balkon Europas, mit einem besonders hübschen Ausblick über die Elbe: flußauf über die Carolabrücke in Richtung der sich rechtselbisch erhebenden Höhenzüge mit den Vororten Weißer Hirsch und Loschwitz, flußab auf die Barockbauten mit der Augustusbrücke und weiter in Richtung Radebeul und Meißen.

Ich blickte von dem hohen Ufer herab über das herrliche Elbtal [schreibt Kleist im Mai 1801 über die Brühlsche Terrasse], es lag da wie ein Gemälde von Claude Lorrain unter meinen Füßen – es schien mir wie eine Landschaft auf einen Teppich gestickt, grüne Fluren, Dörfer, ein breiter Strom, der sich schnell wendet, Dresden zu küssen, und hat er es geküßt, schnell wieder flieht – und der prächtige Kranz von Bergen, der den Teppich wie eine Arabeskenborde umschließt – und der reine blaue italische Himmel, der über die ganze Gegend schwebte – Mich dünkte, als schmeckte süß die Luft, holde Gerüche streuten mir die Fruchtbäume zu, und überall Knospen und Blüten, die ganze Natur sah aus wie ein fünfzehnjähriges Mädchen –

Seit 1814 ist die Brühlsche Terrasse für die Öffentlichkeit zugänglich. Die große Freitreppe wurde damals eigens für das Publikum angelegt. Der Kuppelbau dahinter, im Volksmund Zitronenpresse genannt, ist die Hochschule für Bildende Künste, und im Albertinum unmittelbar daneben finden Sie die phantastische Galerie Neue Meister, die Skulpturensammlung und für Liebhaber von Prunk in Gold und Silber das Grüne Gewölbe. Wenn die Restauration des Residenzschlosses im Jahr 2000 abgeschlossen ist, soll es weitere Kunstschätze aufnehmen, die heute noch im Depot gelagert werden müssen.

Die schönste der Dresdner Stadtbrücken dürfte die Augustusbrücke sein, auch wenn sie, zwischenzeitlich sogar in Georgij-Dimitroff-Brücke umbenannt, nicht mehr die alte von Pöp-

pelmann zur Promenade ausgestaltete Barockbrücke ist. Pöppelmann hatte die bereits bestehende Brücke verbreitern und mit
halbrunden Aussichtsplätzen zum Verweilen ausstatten lassen,
über wuchtigen Bögen und Pfeilern. 1907 wurde sie abgerissen
und durch eine schiffahrtstaugliche neue Brücke ersetzt, deren
Form der ehemaligen aber nachempfunden ist. Für August den
Starken war die Brücke ein Teil seines Konzepts, die Elbe zu einer
architektonisch gefaßten Wasserstraße auszubauen, zu einer
Bühne für pompöse Festlichkeiten mit Feuerwerk und großen,
künstlerisch gestalteten Barken, gespielten Seeschlachten, Gon-
delregatten. So ließ er, um das entsprechende Ambiente zu schaffen, nicht nur das Holländische Palais am Neustädter Ufer zum
vierflügeligen, von Porzellanmalerei inspirierten Japanischen
Palais ausbauen, sondern auch als Endpunkte der Feststrecke
zwei Schlösser: elbabwärts das Schloß Übigau, seit 150 Jahren im
Industriegebiet versteckt (wo das erste Dampfschiff auf der Elbe,
die „Königin Maria", gebaut wurde) und als Verwaltungsgebäu-
de betrieblich genutzt, und elbaufwärts eine Schloßanlage, die bis
heute nichts von ihrem Zauber eingebüßt hat, das ebenfalls asia-
tisch stilisierte „indianische" Schloß Pillnitz mit ausgedehnten
Gärten und einer traumhaft eleganten Freitreppe an den Fluß.
Als Kronprinz August 1719 seine Braut Maria Josepha, eine
Nichte des in Wien regierenden Kaisers Karl VI., heimführte,
ließ August der Starke das wohl prachtvollste der Feste ausrich-
ten. Das Brautpaar wurde an der sächsisch-böhmischen Grenze
empfangen und in einem Geleitzug mit dem Schiff nach Dresden
gebracht. Dort zogen sich die Festlichkeiten über mehrere Tage
hin, auf der Elbe wurden Schiffsparaden, Wasserjagden und Feuerwerk veranstaltet, zu denen die phantastischsten Prunkgon-
deln entworfen und, für Themen wie „Die vier Jahreszeiten" und
„Die vier Erdteile" mit ganzen Wäldern, röhrenden Hirschen
und exotischen Szenen beladen, zur Belustigung von Hof und
Volk auf der Elbe auf- und abgefahren wurden.

Zum Sommervergnügen der Bevölkerung gehörte lange Jahre
das Baden im Fluß. Die erste der vielen Badeanstalten auf der

146

Elbe öffnete 1786 ihre Tore, ein Geviert aus schwimmenden Umkleidekabinen um ein gesichertes Wasserbecken. Ende des 19. Jahrhunderts gab es dreizehn, teils städtische, teils private Badeanstalten. 1946 wurde das letzte Elbebad der Stadt in Loschwitz geschlossen, ein neues gehört derzeit nicht zu den Restaurationsprojekten.

Im Winter war der Fluß früher häufiger als heute zugefroren, ein Feld für Spaziergänger und Schlittschuhläufer, für die es vom 18. Jahrhundert an auch besondere Schlittschuhbahnen für das Eisvergnügen gab. Wer das Winterbild auf alten Stichen oder die Schlittschuhläufer aus Porzellan im Museum sieht, kann sich durchaus an die Szenen auf der zugefrorenen Themse aus Virginia Woolfs *Orlando* erinnern fühlen. Bei kristallklarem Wetter konnte das Thermometer wochenlang weit unter Null sinken. Wenn das Eis aufbrach, wurde die Bevölkerung durch Kanonenschüsse gewarnt. Einmal frei, treibt das Eis in großen Schollen mit der Strömung, donnert gegen Brückenpfeiler und Uferbefestigungen und staut sich vor Verengungen zu dicken Barrieren, so daß es gesprengt oder von Eisbrechern zertrümmert werden muß. Aufbrechendes Eis im fließenden Strom hat etwas unwiderstehlich Dramatisches, einen Eindruck davon vermittelt Carl Gustav Carus, bekannt durch seine *Briefe über Landschaftsmalerei*, in seiner akribischen Beschreibung des Flusses bei einsetzendem Tauwetter in Dresden:

Es war in der Frühe des 14. Januar 1821, als ein Kanonenschuß den beginnenden Fortgang des Elbeises verkündete. Der Himmel zeigte sich duftig grau, kaum hier und da in Wolken geformt; ein leichter Ostwind wehete; das Barometer war im Fallen, das Thermometer zeigte auf +6° Reaum. Bei dem zweiten Schusse, halb zehn Uhr, ging ich auf die Brühl'sche Terrasse. Der Fluß war in der Nähe noch durchaus mit seiner, bis vor wenigen Tagen befahrenen Eisdecke belegt; weiter hinauf zeigte sich schon freies Wasser, und die von dort fortgetriebenen Schollen waren an den Rändern des stehenden Eises zackig, aufwärts und zusammengeschoben. [...]

Dieses alles betrachtend, wandelte ich am Ufer langsam hin, und endlich, auf einem Balken hinter einem Elbkahne stehend, bemerkte ich, wie aus der nahen, noch festliegenden Eisfläche ein kleiner Wasserstrudel durch eine kaum fußweite Öffnung sich erhob. Wie ich dem nun so zusehe, erweitert sich die Öffnung immer mehr, immer gewaltiger bricht das durch die Eislast am Steigen gehinderte Wasser hervor, und bildet in kurzem einen kleinen, 10 bis 12 Fußbreiten Strom, welcher Grundeis und Tafeln rastlos mit forttreibt, jedoch noch immer, weder die Eisflächen an seiner Seite, noch den, hinter seinem Ursprunge gelegenen Schutz von übereinandergeschobenen Eistafeln bewegen kann. – In diesem Zustande verharrt nun das Ganze eine geraume Zeit; plötzlich aber wird eine dumpfe Bewegung auch im Rücken des vorhin geöffneten Stroms bemerkbar, zackige Eismassen heben und senken sich; der Schutz, welcher oberwärts sich gesetzt hatte, dröhnt dumpf in seinem Innern, gewaltiger drängt das Wasser nach, und nun mit einem Male hebt sich die gesammte Eisfläche, und dem Zuge des schon angeschwollenen Flusses folgend, bewegen sich die langen Eisfelder mit ihren Einzäunungen von aufgethürmtem Eise, groß und ruhig, bei immer mehr steigendem Wasser, gleich einer wegziehenden Gewitterwolke, stromabwärts.

Hochwasser, nicht zuletzt durch die Eisschmelze in Böhmen, bescherte auch Dresden jährlich Probleme. Bis zur Mitte des 19. Jahrhunderts war nur die Altstadt innerhalb der Festungsmauern einigermaßen vor Überschwemmung geschützt. Beim Ausbau der Elbufer um 1860 wurde die Breite des Flusses dann auf durchschnittlich 113 Meter festgelegt, mit Überflutungsräumen auf den Wiesen am Ufer. Seitdem ist die Elbe in der Dresdner Talwanne ein gebändigter Fluß, der nur selten sein Bett verläßt – bei einem Pegelstand von 4,7 Metern allerdings werden die Brückendurchlässe zu niedrig, und die Schiffahrt muß eingestellt werden.

Mit den Brücken der Stadt verbindet sich manche Geschichte. Eine der seltener gehörten ist die von Gret Palucca, der großen Tänzerin und Tanzpädagogin. 1919, selbst erst siebzehn, erlebte sie bei einem Gastspiel der Ausdruckstänzerin Mary Wigman ihre künstlerische Offenbarung – den neuen, elementaren Tanz, der ihr später zum Lebensinhalt wurde. Ihr Glück wollte es, daß Mary Wigman im Frühjahr 1920 wegen des Generalstreiks anläßlich des Kapp-Putsches in Dresden festsaß und sich entschloß, vorübergehend Schülerinnen auszubilden. Gretel Paluka, wie sie damals noch hieß, ruhte nicht eher, bis sie in ihrem Hotel vorgelassen wurde. In den Gesellschaftsräumen des Hotel Weber tanzte sie vor – zunächst so konventionell, daß die Wigman sich wegschmeißen wollte vor Lachen. Gefragt, was sie sonst könne, bot Gretel an, ihre Sprünge zu zeigen, worauf die Stunde eine turbulente Wende nahm. Die Wigman erkannte, daß sie ein besonderes Talent vor sich hatte, und spornte die Elevin zu immer wilderen Sprüngen an, bis zu guter Letzt der Kronleuchter zu Bruch ging. „Die zweite Schülerin schmiß infolge Handstands mit den Füßen den Kronleuchter kaputt", heißt es bei einer Zeugin. Die Prüfung war beendet, die neue Schülerin angenommen. Sie steckte, weil Scherben Glück bringen, wie geheißen einige Kristallscherben in die Tasche, um sie auf dem Heimweg von der Brücke in die Elbe zu werfen. – Gret Palucca hat bis zu ihrem Tod 1993 in Dresden gelebt und bis ins hohe Alter dort Tanz unterrichtet. Schon im Juli 1945 eröffnete sie wieder ihre Schule, der Gedanke, das zerstörte Dresden zu verlassen, ist ihr offenbar nie gekommen. Die Stadt sei in guten Zeiten gut zu ihr gewesen, soll sie gesagt haben, warum solle sie sich da in schlechten Zeiten abwenden.

Eine Autorin, die das Kriegsende und die Nachkriegsjahre in Dresden verlebte und beschrieb, ist Helga Schütz. Ihr 1977 erschienenes *Jette in Dresden,* in Westdeutschland unter dem Titel *Mädchenrätsel* herausgekommen, beschäftigt sich mit der ersten Zeit in der Trümmerstadt aus der Sicht eines Mädchens, das bei seiner Großmutter großenteils unbeaufsichtigt aufwächst. Der nachfolgende Roman *Julia oder Erziehung zum*

Chorgesang (1980) vervollständigt die Chronik der Nachkriegsjahre, den eigenen Werdegang nachvollziehend, über eine Gärt-
nerlehre im Großen Garten bis zum Umzug nach Potsdam 1955,
wo Heldin wie Autorin Abitur machten und an der Hochschule
für Filmkunst studierten. Der Leser folgt Jette-Julia durch den
Alltag in der zerstörten Stadt und die Anfänge des Sozialismus,
Lebenstempo und die Wichtigkeiten der Zeit werden lebendig,
beispielhaft etwa durch eine Episode, in der die Gärtner in einer
Blitzaktion über Nacht den Rathausvorplatz bepflanzen müssen,
damit der Bevölkerung die Augen übergehen, oder durch die
besondere Fähigkeit der Großmutter, einer Tabakarbeiterin in der
Yenidze, aus beiseite geschafftem Tabak perfekte Zigaretten zu
drehen und sich ihren Tauschwert zunutze zu machen.

Die Yenidze, eine 1909 als maurische Moschee errichtete
Zigarettenfabrik mit bunter gläserner Kuppel und als Minarette
verkleideten Schornsteinen, ist bis heute ein im Stadtbild auffäl-
liges Gebäude. In der Kuppel war früher zeitweise der Betriebs-
kindergarten untergebracht. Mittlerweile ist die ehemalige
Fabrik in der Weißeritzstraße zu einem Bürokomplex rekonstruiert, in dessen Keller nachts die Diskothek „Magic" für Lärm und
Leben sorgt.

Dichtungen aus der späteren DDR vermitteln ein gedrückteres
Bild, sind „immer etwas traurig", wie ein Rezensent schreibt. Es
ist, als gehe von der nach den neuen Vorstellungen aufgebauten,
von Grund auf veränderten Stadt ein besonderer Pessimis-
mus aus. Und als biete sich die Elbe als Gegenstand der Betrachtung an, wenn sich die Stimmung schwarz verfärbt. Schon
Helga Schütz beschreibt angewidert, wie die Abwässer der Stadt
ungeklärt in die Elbe rauschen, anderen drängen sich Bilder vom
Tod auf, wenn sie Szenen am Fluß schildern. Allein Wolf Biermann mochte 1978 in dem vergifteten Fluß noch schwimmen,
verliebt, versteht sich, ehe auch ihn die Niedergeschlagenheit
einholte:

Die Elbe bei Dresden

In Dresden, da steht ja die Elbe so still
Und die Stadt fließt so träge vorbei
Ich steh' da und seh' da die Raddampfer ziehn
Wie voriges Jahr, den Mai
Wie vorigen Mai, da wohnten wir
Diese Sommernacht unten am Fluß
In den Elbwiesen blieb uns die Puste weg
Beim Kuß zwischen Kuß und Kuß

   Das sang uns der Fluß, das war unser Lied:
   Es fließt alles – alles fließt
   Mein Lieb, mein Lieb, jetzt bin ich allein
   Jetzt redet der dumme Fluß mir ein:
   Es bleibt alles, wie es ist

In jenem Mai, da schwammen wir schön
Mit der Strömung zur anderen Seit
Dann laufen ein Stück – und schwimmen zurück
Uns war ja der Fluß nicht zu breit
Das Wasser war nicht viel zu tief für uns
Ach und uns war der Dreck scheißegal
Wir ließen uns treiben und trieben das Spiel
Nocheinmal und noch ein mal

   Das sang uns der Fluß [...]

Jetzt lieg ich am Ufer und wundere mich
Warum das mit mir grad so ist
Ach damals verriet uns der gute Fluß
Die Wahrheit, daß alles fließt
Da drehte die Erde sich unter uns
Als wir noch verharrten im Kuß
Und weißt du, warum ich dich suchen will?
Weil ich mich ja finden muß

Das sang uns der Fluß, das war unser Lied:
Es fließt alles – alles fließt
Mein Lieb, mein Lieb, jetzt bin ich allein
Jetzt redet der dumme Fluß mir ein:
Es bleibt alles, wie es ist

Durs Grünbein gab 1994 einen Gedichtband mit dem Titel *Von
der üblen Seite: Gedichte 1985–1991* heraus. Darin erscheint
Dresden als „Scheintote Stadt", Barockwrack an der Elbe /
Schwimmend in brauner Lauge". Und ein Spaziergang an der
Elbe gerät zur bitteren Grübelei:

An der Elbe
,Wie gesagt ... irgendwas scheint
                              überschritten.' Ich
                    weiß nicht, doch
              streune ich manchmal ganz

              grundlos diesen vergifteten Fluß
                         entlang, zähle
                    die Enten und un-
verwüstlichen Schwäne und dann
              geschieht's, daß ich an all
diese Flußgötter denke (im Blick
                    den vorüber-
              treibenden Unrat: Papierfetzen und
              Blechkanister, etwas

Polystyrol) als hätte es sie (die
              Orgasmen der 3000
              Töchter des Okeanos) überhaupt
                         nicht gegeben und
              jeder Zufluß
wirft neue Blasen zartleuchtender
              Chemikalien auf, an-
                    gewidert spucke ich von der

kahlen Uferterrasse herab, fühle
mich unbehaglich (der
‚Held im Film‘) und
bewundere später ein Paar stromabwärts keuchender
alter Männer
beim Jogging.

Thomas Rosenlöcher, der im Herbst 1998 einen Gedichtband mit
dem Titel *Ich sitze in Sachsen und schau in den Schnee* präsen-
tierte, zusammengestellt aus zwei zu DDR-Zeiten erschienenen
Bänden, ist weniger bitter von Gemüt. Er lebt, anders als Grünbein, weiterhin in Dresden und liebt seine Stadt, der er bereits
mehrere Werke gewidmet hat, beispielsweise *Die verkauften
Pflastersteine. Dresdner Tagebuch*, 1989 bei Aufbau in Berlin
erschienen. Die Wiederveröffentlichung der Vorwende-Gedichte,
von ihm als „Zickzackbewegungen einer Sinnsuche zwischen
Veränderungshoffen und Zerstörungsangst" beschrieben, begleitet er mit der Beobachtung, daß die Zeiten so völlig anders nun
auch wieder nicht geworden seien, so daß er seine sinnsucheri-
schen Zickzackbewegungen fortsetzen wolle. Allzu hoffnungs-
voll ist das nicht gemeint, zumal er nicht nur anmerkt, daß die
Zerstörungen weitergehen, „wenngleich mit bedeutend verbes-
serten Mitteln", sondern auch, auf die Wirkung von Schriftwerk
bezogen, „daß es die Kategorie des Vergessens kaum noch gibt;
weil, was nicht wahrgenommen wird, auch nicht vergessen werden kann". Trotzdem war und ist er offenbar entschlossen, seine
Kraft in ebensolche Werke fließen zu lassen, und schafft damit
eigentümlich dynamische Bilder:

Die Elbe

Der Uferweg, die Böschung und die Steine.
An schwarzer Mauer schwarze Industrie
entleert sich schweigend in das schwarze Wasser.
Doch mitziehn Wiesen, und der Berghang, einst

Geleit und Halt, vor Schönheit fast verzitternd,
rollt noch sein Grün über die roten Dächer,
vorbei an einer Villa, weit geöffnet
die Fenster, da Musik herüberweht
und fernher, wo gebaut wird, Pinke Panke,
als gälte es, den Fluß zu dirigieren,
daß er an seinen Rändern heller strudelnd
über glitschige Steine aufwärts fließt
und sich am Grund die Fladen leise regen,
und rascher in der Mitte, nur hinunter,
lautloses Kettenknirschen, Rohrgejohl.
Was hab ich nur. Es geht, es geht doch alles.
Selbst noch der tote Fluß fließt fort.

Wer sich bei einem Besuch in Dresden für ganz neue Beiträge zur Literatur interessiert, dem sei das *Ostragehege* empfohlen, eine Zeitschrift für Literatur und Kunst, die dreimal jährlich erscheint und das jeweils Aktuelle bringt, 1998 zum Beispiel neue Gedichte von Heinz Czechowski, dem gebürtigen Dresdner, der 1998 als Stadtschreiber noch einmal in Dresden gelebt hat. Die literarische Szene ist rege – von der Stadt gefördert etwa durch die Aktion „Lyrik in Fahrt", bei der in allen Straßenbahnwagen und Bussen der Stadt eine Plakatfolie mit einem Gedicht ausgehängt wird. Sechs Texte sind es pro Vierteljahr, die zu Beginn jeweils mit einer Lesung in einer Straßenbahn vorgestellt werden. Vorschläge einsenden kann jeder ...

Zur Blütezeit vor 200 Jahren war Dresden nicht in erster Linie eine Stadt der Dichter, sondern Kunstmetropole und später auch ein Zentrum der Musik, mit so berühmten königlich-sächsischen Kapellmeistern wie Carl Maria von Weber und Richard Wagner. Die Stadt war meist ein vorübergehender Aufenthalt berühmter Geister, die vor allem die Kunstschätze priesen. Über Dresden äußerten sie sich vornehmlich in Briefen. Der Mäzen Christian Gottfried Körner – Vater des jung verstorbenen romantischen Dichters Theodor Körner – versammelte etliche der großen

Männer seiner Zeit in einem bürgerlichen Zirkel, zu dem die Gebrüder Humboldt ebenso gehörten wie Goethe, Novalis, Schleiermacher und die Gebrüder Schlegel. Von 1785 bis 1787 bot er Friedrich Schiller Obdach, der sich über „die Wüste der Geister" in Dresden beklagte, in Körners Gartenhaus in Loschwitz aber den *Don Carlos* und die Ode „An die Freude" vollendete und in einem der frequentierten Lokale an der Elbe eine junge Wirtin kennenlernte, die er als Gustel von Blasewitz im *Wallenstein* verewigte. Heinrich von Kleist hielt sich mehrmals in der Stadt auf, schrieb hier an dem Stück *Käthchen von Heilbronn* und am *Michael Kohlhaas,* erlebte die Veröffentlichung des *Amphitryon* in der Arnoldschen Buchhandlung, gab eine Weile die Zeitschrift *Phöbus* heraus und mußte erleiden, daß die Dresdner geistige Elite sich von ihm und seiner chronischen Geldnot abkehrte, längst ehe er 1809 die Stadt verließ.

E.T.A. Hoffmann, der nur ein halbes Jahr in Dresden verbrachte, von Ende April bis Anfang November 1813, verfaßte zwei Erzählungen mit Dresden als Ort der Handlung, eine davon das Märchen *Der goldne Topf,* das als eines seiner Hauptwerke gilt. In Dresdner Realien verwurzelt erzählt es die gespenstisch-phantastische Geschichte vom Glück des jungen Studenten Anselmus, der, in den Dingen des Alltags ungeschickt, sich nichts sehnlicher wünscht als ein Leben in Poesie (was ihm am Happy End auf der Insel Atlantis sogar beschert wird). Anfangs von einem betrügerischen Apfelweib um sein ganzes Geld gebracht, geht Anselmus, der am Himmelfahrtstage in die Stadt gekommen ist, Trost suchend hinunter an die Elbe:

Unter einem Holunderbaume, der aus der Mauer hervorgesprossen, fand er ein freundliches Rasenplätzchen; da setzte er sich hin und stopfte eine Pfeife von dem Sanitätsknaster, den ihm sein Freund, der Konrektor Paulmann, geschenkt. – Dicht vor ihm plätscherten und rauschten die goldgelben Wellen des schönen Elbstroms, hinter demselben streckte das herrliche Dresden kühn und stolz seine lichten Türme empor in den duftigen Himmelsgrund, der sich hinabsenkte auf die blumigen Wiesen und frisch grünenden Wälder, und aus tiefer Dämmerung gaben die zackichten Gebirge Kunde vom fernen Böhmerlande. Aber finster vor sich hinblickend, blies der Student Anselmus die Dampfwolken in die Luft, und sein Unmut wurde endlich laut, indem er sprach: „Wahr ist es doch, ich bin zu allem möglichen Kreuz und Elend geboren!"[...]

Hier wurde der Student Anselmus in seinem Selbstgespräche durch ein sonderbares Rieseln und Rascheln unterbrochen, das sich dicht neben ihm im Grase erhob, bald aber in die Zweige des Holunderbaums hinaufglitt [...] er schaute hinauf und erblickte drei in grünem Gold erglänzende Schlänglein, die sich um die Zweige gewickelt hatten und die Köpfchen der Abendsonne entgegenstreckten. Da [...] war es, als streue der Holunderbusch tausend funkelnde Smaragde durch seine dunklen Blätter. „Das ist die Abendsonne, die so in dem Holunder spielt", dachte der Student Anselmus, aber da ertönten die Glocken wieder, und Anselmus sah, wie eine Schlange ihr Köpfchen nach ihm herabstreckte. Durch alle Glieder fuhr es ihm wie ein elektrischer Schlag, er erbebte im Innersten – er starrte hinauf, und ein Paar herrliche dunkelblaue Augen blickten ihn an mit unaussprechlicher Sehnsucht, so daß ein nie gekanntes Gefühl der höchsten Seligkeit und des tiefsten Schmerzes seine Brust zersprengen wollte.

Zu einem echten Zentrum wurde Dresden für die romantische Bewegung. Es waren die „Merkwürdigkeiten der Natur und Kunst", die vornehmlich Maler, als Mittelpunkt der Bewegung aber auch Ludwig Tieck, nach Dresden lockten. 1798 trafen sich die Literaten zu Gesprächen in der Gemäldegalerie und begannen ihr neues Selbstverständnis zu formulieren. Während Dresden für die Dichter ein Pilgerort blieb, entschlossen sich viele Künstler zum Umzug in die Stadt. Schon 1798 kam Caspar David Friedrich und blieb bis zu seinem Tod 1840. Philip Otto Runge kam 1801, Gerhard von Kügelgen 1805, Carl Gustav Carus 1814 und 1818 Johan Christian Claussen Dahl. Der einzige gebürtige Dresdner war der spätromantische Illustrator und Landschaftsmaler Ludwig Richter, der von 1836 an mit Ernst Ferdinand Oehme in einem Haus vor der Stadt lebte. Ihnen allen ist gemein, daß sie sich der Landschaftsmalerei widmeten, wobei sie auf ausgedehnten Wanderungen die Natur um Dresden, das Elbsandsteingebirge und Böhmen bis zum Riesengebirge erkundeten. Eine große Zahl der Früchte ihrer Arbeit, darunter etliche Elbebilder bis hinauf zur Quelle, ist in der Galerie Neue Meister zu sehen. Die Werke von Caspar David Friedrich allerdings, dem leidenschaftlichsten Elbemaler unter ihnen, der aus dem Fenster seiner Malstube stets den Blick auf den Fluß genoß, sind weit verstreut. Um sie zu sehen, muß man sich unter Umständen mit einem Bildband behelfen.

Als liebsten Sommeraufenthalt wählten die Künstler den heutigen Vorort Loschwitz, der wie der Stadtteil Weißer Hirsch seiner schönen Lage hoch über der Elbe wegen häufig mit dem Hamburger Vorort Blankenese verglichen wird. Der Blick über die Stadt und das weite Tal mit dem Fluß ist auch heute allemal sehenswert. Anfang des 19. Jahrhunderts gab es die vielen Villen und prächtigen Elbschlösser am steilen Hang noch nicht – Schloß Albrechtsburg, 1850 für den Bruder von König Friedrich Wilhelm II. von Preußen erbaut, die Villa Stockhausen, nach dem zweiten Besitzer seiner berühmten Erfindung wegen auch Odol-Villa genannt, und das nach dem Vorbild englischer Tudor-Landhäuser erbaute neugotische Schloß Eckberg. Zur Zeit der Romantiker war Loschwitz ein lauschiges, ländliches Örtchen umgeben von Weinbergen mit verstreuten Villen für Stadtflüchtige wie das Gartenhaus der Familie Körner etwa. Die Fischer-, Bauern- und Winzerhäuschen, die Wassermühlen im Loschwitzgrund, die Weinberge und die Fernsicht über das Tal wurden zu den Motiven zahlloser Bilder.

Hier gibt es außerdem drei technische Wunderwerke mit Denkmalcharakter zu sehen oder zu erfahren. Von der Elbe hinauf nach Oberloschwitz führt eine der ersten Schwebeseilbahnen für den Personenverkehr in Europa, Baujahr 1895, offizieller

Name: Einschienenhängeseilbahn. Auf einer Streckenlänge von 274 Metern überwindet sie in drei Minuten 84 Höhenmeter. Gleich daneben geht die mit sechzehn Seilen gesicherte Standseilbahn. 1885 gebaut, zählt sie zu den ersten Bergbahnen überhaupt und überwindet in fünf Minuten 99 Meter. Die Endstation liegt gleich an der Gaststätte Luisenhof, einem Gartenlokal mit wunderhübschem Blick. Was die Dresdner Vorortvillenbesitzer bewogen hat, gleich zwei solche Bahnen an ihren Hang zu bauen, weiß ich nicht. Es muß damals unendlich modern-mobil zugegangen sein, denn in den gleichen Jahren wurde die Loschwitzer Brücke errichtet, eine Stahlhängebrücke ohne Pfeiler im Fluß von 141,5 Metern Länge, die bis heute den Beinamen „Blaues Wunder" trägt und frisch gestrichen in prächtigem Blau erstrahlt.

Ich empfehle, die Auf- und Abfahrt mit einem Spaziergang durch Oberloschwitz und Weißer Hirsch abzurunden und dann von der Brücke auf die Stadt zurückzuschauen, bevor wir Dresden in Richtung Pillnitz verlassen, um es vielleicht so zu sehen wie Wilhelm Hauff bei seiner Abreise im Jahre 1826:

Ich sah mich noch einmal nach der Gegend um, die ich verlassen hatte; die Sonne war gesunken, die Nebel der Elbe verhüllten das liebe Dresden, nur die Spitzen der Türme ragten vergoldet von Abendrot über dem Dunstmeer.

Auf dem Inspirationspfad der Romantiker

Von der Sächsischen Schweiz
bis in den Garten Böhmens

„Hier ist es hoch, sehr hoch!" staunte Hans Christian Andersen beim Blick von der 'Bastei', dem berühmtesten der Aussichtspunkte in der Sächsischen Schweiz

Lange ist es her, daß Loschwitz und Blasewitz dörfliche Gemeinden außerhalb des Häusermeeres waren. Fast könnte man geneigt sein, dem Städtegürtel in der Dresdner Talwanne analog zu den populären Namen für zusammengewachsene Städte in den USA – Boswash für Boston bis Washington beispielsweise – das Kürzel Meißpir aufzudrücken, denn von Meißen bis Pirna schwinden die Zwischenräume zwischen den Städten zusehends. Für Elbereisende ein Grund mehr, die Gegend vom Wasser aus zu genießen. Die Schiffe der Weißen Flotte bieten regelmäßige Fahrten an, bis nach Děčín in Böhmen hinein mit vielen Haltestellen auf dem Weg, an denen man die Fahrt unterbrechen und auf eigene Faust weiterwandern, mit den kleinen Fähren von einer Elbseite auf die andere übersetzen kann und abends rasch mit der S-Bahn wieder an den Ausgangsort zurück kommt. Die S-Bahn geht bis nach Hřensko über die tschechische Grenze, auf den Gleisen der Strecke Dresden-Prag, deren Schönheit schon manchen Reisenden verlockt hat, unterwegs Station zu machen, um Böhmen und das südliche Sachsen zu erkunden.

In Hosterwitz, heute wie Pillnitz nach Dresden eingemeindet, verbrachten Carl Maria von Weber und Frau von 1818 an ihre Sommer. Ihr „Sommernest" ist zu einer Gedenkstätte ausgebaut, in der auch Konzerte stattfinden. Von hier aus brach Weber zu seinen Streifzügen durch das Elbsandsteingebirge auf, die ihn unter anderem zum *Freischütz* inspirierten, jener Oper, mit der die restaurierte Semperoper am 13. Februar 1985 wiedereröffnet wurde. Auch die Komposition *Natur und Liebe*, eine musikalische Feier der Schönheit der umliegenden Elblandschaft, entstand in Hosterwitz. Hübsch liegt dort unten im Ort, besonders vom Wasser aus gesehen, die kleine Schifferkirche Maria am Wasser. Unbedingt sehenswert ist die Sommerresidenz Augusts des Starken, das Schloß Pillnitz, eines der größten Chinoiserie-Bauten des Barock, dessen von M.D. Pöppelmann erbautes Wasserpalais nicht nur durch ein Bergpalais perfekt ergänzt wird, sondern zum Fluß hin auch durch eine wohlproportionierte Treppenanlage, die direkt bis ans Wasser führt, so daß Gäste unmittelbar von der Gondel zum Palais emporsteigen konnten. Der Kontrast zwischen der eleganten, bis in den kleinsten Winkel durchgeformten Anlage mit den prächtigen Gärten zu der naturgeschützten, wilden Elbinsel gegenüber macht sich an hellen Sonnentagen genauso gut wie in silbrigen Vollmondnächten. Perfekt. In Pillnitz verbrachte der romantische Schriftsteller und Maler Carl Gustav Carus von 1827 an seine Sommer, in seiner Eigenschaft als königlicher Leibarzt am sächsischen Hof. In den dreißiger Jahren des 19. Jahrhunderts entstand um ihn und den Prinzen Johann, der Dantes *Göttliche Komödie* ins Deutsche übersetzte, eine romantische Tafelrunde, bei der auch Ludwig Tieck, Carl Förster und Wolf Graf von Baudissin häufig ihre Texte vortrugen.

Linkselbisch führt eine ausgeschilderte Fahrradroute streckenweise auf den alten Treidelpfaden bis hinunter nach Schmilka an der Elbe entlang; sie lohnt sich der herrlichen Blicke wegen, und die S-Bahn transportiert Sie auch mit dem Rad aus jedem Ort zurück. Stadtauswärts kommt man auf dieser Seite durch den Stadtteil Laubegast, wo die Mutter des deutschen Schauspiels, Friederike Neuber, nach einer Karriere als gefeierte Theatermacherin 1760 in bitterer Armut starb. Ihre Lebensgeschichte ist in einem Buch mit dem Titel *Nichts als eine Komödiantin* von Petra Oelker nachzulesen.

Die letzte Station am Rand des weiten Dresdner Elbtals ist Pirna. Um 1200 zu Füßen der Burg Sonnenstein vor dem steil aufragenden Burgberg gegründet, war sie im Mittelalter die führende Elbhandelsstadt zwischen Leitmeritz und Magdeburg, begünstigt durch das Stapelrecht und das Zollprivileg. Auch nachdem Dresden die Stadt an Bedeutung überrundet hatte, blieb sie eine wohlhabende Tuchmacher- und Eisenhandelsstadt, von deren Reichtum die Bürgerhäuser in der historischen, trotz der wechselreichen Geschichte und der starken industriellen Entwicklung gut erhaltenen Innenstadt bis heute zeugen. An den

Hofmaler Bernardo Bellotto, genannt Canaletto, der allein vierzehn Veduten der Stadt Pirna malte, erinnern das Canalettohaus am Markt 7 und der Canalettoweg an den Festungsanlagen zur Elbe hin. Seine Gemälde von Pirna vom rechten Elbufer gesehen gehören zu den schönsten Flußansichten der Elbe, dunkel spiegelt sich die Silhouette der Stadt in der ruhigen Wasserfläche des hier breit dahinfließenden Flusses. Das bekannteste, „Pirna von Kopitz aus", wurde 1769 an den russischen Hof geholt und hängt heute in der Eremitage von St. Petersburg.

Mit Burg Sonnenstein verbindet sich ein Stück grausiger jüngerer Geschichte. In der 1811 durch den Arzt Ernst Gottlieb Pienitz gegründeten Heil- und Pflegeanstalt für Geisteskranke, die zunächst durch ihre erfinderischen Methoden der Musik-, Spiel- und Arbeitstherapie von sich reden machte, ermordeten die Nationalsozialisten im Rahmen ihres Euthanasieprogramms mehr als 13 000 geistig und körperlich behinderte sowie psychisch kranke Menschen.

Ist das Elbufer zwischen Heidenau und Pirna von dem Bild der wendebedingt teilweise stillgelegten Industrie geprägt, so beginnt unmittelbar hinter der Stadt eine ganz neue Welt. Das Tal schließt sich. In großen Schleifen durchwindet der Fluß die letzten Höhen des Elbsandsteingebirges. Zu beiden Seiten drängen sich Steilwände an das Flußtal, jäh aufragend, zerklüftet und doch eigentümlich abgerundet. Ein Gebirgsmassiv mit ausgefransten Rändern, wenigen solitären Tafelbergen, einer Vielfalt bizarrer Felsformationen: „Entweder Aussichten auf ein weites, zerklüftetes Bergterrain mit hervorragenden Felshörnern in abgestumpfter konischer Form, oder labyrinthisches Tal, mauergrade aufragender Sandstein, viereckte, rundlich abgewaschene Quadern, wecken- oder sackartig übereinander getürmt", schrieb Karl Immermann 1833 in seinem Reisejournal. Die Elbe und ihre Zuflüsse haben sich tiefe Furchen durch das Gesteinsmassiv gegraben, das obendrauf abgeflacht ist, mit tiefgrünen Wäldern im Wechsel mit großflächigen Feldern – zum Teil schon im 15. Jahrhundert gerodet, denn die hohen Tannen und Fichten waren für Schiffsmasten und als Bauholz begehrt und wurden mit gutem Gewinn an die Unterelbe verkauft. Nur hier und da stehen noch alte Nadelholzriesen, zum Beispiel am Ende des Kirnitzschtals zwischen Hinterhermsdorf und der tschechischen Grenze, wo sie eine düstere Pracht entfalten.

Heute eine weithin beliebte, als Nationalpark ausgewiesene Ferienlandschaft, waren die Sächsische und die Böhmische Schweiz bis vor gut zweihundert Jahren „unentdeckt". Man wußte natürlich von ihr und kannte sie: Die einheimische Bevölkerung lebte und arbeitete dort, Fremde reisten auf der vielbefahrenen Elbe zwischen Dresden und Prag, Handelsschiffe fuhren unter Segel flußab, wurden flußauf gezogen, und die großen Holzflöße machten sich auf den Weg, die böhmischen Stämme begannen die Fahrt an der Grenze, wo sie gesammelt und nach Order aus den Städten im Norden neu zusammengestellt wurden, und die Stämme aus den umliegenden Wäldern wurden an den Mündungen der Nebenflüßchen auf den Weg geschickt. Der Sandstein wurde abgebaut und über die Elbe exportiert. Anfangs gingen im wesentlichen Mühlsteine auf die Reise, aber schon die gotischen Dome und Kirchen in Meißen, Wittenberg und Magdeburg und die Schlösser in Dresden und Torgau, ja sogar das Kopenhagener Schloß Christiansborg und das Brandenburger Tor in Berlin wurden aus Elbsandsteinblöcken erbaut. Man darf annehmen, daß auch die Schönheit der Gegend nicht ungewürdigt blieb, nur eben von Fremden nicht, als Sehenswürdigkeit. Reisende von einst sollen durch die schroffen Felsen und düsteren Täler eher abgeschreckt worden sein, während sich die Bewohner ihre Heimat wohl mit allerlei Fabelwesen teilten.

Erst die Schweizer Maler Adrian Zingg und Anton Graff, die 1766 an die Kunstakademie nach Dresden berufen wurden, entdeckten den, sollen wir sagen, verwertbaren Zauber der Landschaft. Sie waren die ersten, die mit dem Skizzenbuch durch die bizarre Felsengegend zogen und Bildmotive festhielten – und sie gaben der Landschaft, weil sie sich an den Schweizer Jura erinnert fühlten, den Namen, der bis heute stolz verwendet wird: die Sächsische Schweiz. Bald wurden sogenannte Fremdenwege eingerichtet, und die Gegend konnte systematisch erwandert werden. Von nun an gehörte eine Reise in das Elbsandsteingebirge zum Programm eines jeden Dresdenbesuchs. Zu Fuß, die Damen häufig im Tragesessel, mit Wagenfahrten oder Gondelausflügen auf der Elbe zur Abwechslung. Mittlerweile gibt es in der Sächsischen Schweiz Wanderwege von insgesamt 1200 Kilometern Länge, und die senkrechten Felswände sind für Kletterpartien aller Schwierigkeitsgrade so beliebt, daß vielerorts zum Schutz der Felsen Verbote ausgesprochen werden mußten.

Auf dem „Malerweg" kann man sich auf einer drei- bis viertägigen Wanderung eine Fülle der Motive erwandern, die Caspar David Friedrich, Carl Gustav Carus, Ludwig Richter und andere auf ihren Bildern verewigt haben. Der Wanderweg nimmt seinen Ausgang im Liebethaler Grund und führt gut gekennzeichnet über Berg (bis 500 m) und Tal (100 m), über die Bastei, Hohnstein, das Kirnitzschtal und den Winterberg bis hinunter nach Schmilka und von dort nach Tschechien hinein über Hřensko durch die Edmundsklamm zum Prebischtor (Pravčická brána). Eine Broschüre (aus dem Fremdverkehrsamt oder Buchladen) kommentiert den Weg und lenkt den Blick auf die von den Malern ausgewählten Motive. Ein interessanter Aspekt ergibt sich nebenbei: Der Weg führt zwar an Punkte wie die Bastei, die noch ebenso beliebt sind wie damals, aber er berührt etliche der heute berühmtesten Aussichtspunkte wie die Affensteine und die Schrammsteine nicht, weil sie zur Zeit der Romantiker noch nicht erschlossen waren. Denn ohne die in Stein gehauenen Stufen und die Eisentreppen wären die Sehenswürdigkeiten nur von den allerwenigsten zu erklimmen.

Hoch über der Elbe thront die Bastei, wohl der meistbesuchte Aussichtspunkt im Norden des Elbsandsteingebirges, zu empfehlen wegen des unübertrefflichen Ausblicks über den Fluß mit den Tafelbergen Lilienstein, Pfaffenstein und Festung Königstein und über das Elbtal im Norden, abschreckend wegen der sich dahinwälzenden Menschenmassen, wirklich kein „Naturerlebnis" mehr. Vielleicht ist es am schönsten, man steigt von Rathen aus auf. Der kleine rechtselbische Kurort ist für Autoverkehr gesperrt, der einzige Parkplatz ist links der Elbe gegenüber. Man setzt mit der Fähre über und kann sich die zu besteigende Felswand schon einmal von unten besehen. Über viele hundert Stufen geht es direkt aus dem Ort hinauf, und oben öffnet sich der Blick, wie ihn schon Hans Christian Andersen 1831 auf seiner romantischen Elbreise genoß. Nur die Farbe der Elbe tief unten dürften Sie anders beschreiben als er:

Hier ist es hoch, sehr hoch! Du mußt ein paar Kirchtürme aufeinandersetzen und dann nicht schwindlig dabei werden, wenn du auf der obersten Spitze stehst. Ein Gitter ist angebracht, damit du nicht fällst! – Das lange weißgelbe Band dort unten, das vor deinen Augen nicht breiter aussieht als das Trottoir auf der Straße, ist die Elbe; das gelbbraune Pappelblatt, das du schwimmen zu sehen glaubst, ist ein langer Flußkahn; du kannst auch, aber nur wie kleine Punkte, die Menschen darauf erkennen! – Versuche es, einen Stein in die Elbe hinabzuwerfen, du mußt deine ganze Kraft anwenden, er erreicht sie doch nicht, sondern fällt diesseits ins Gras. Die Dörfer liegen dort unten wie Spielzeug auf einem Jahrmarktstisch. Dort erhebt sich der Königstein und der Lilienstein hoch in den Wolkennebel hinein; aber sieh, dieser zerteilt sich! Sonnenstrahlen fallen auf den Pfaffenstein und die Kuppelberge! Der ganze Wolkenvorhang hebt sich, und in der blauen Ferne siehst du die böhmischen Rosenberge und den Geisingberg im Erzgebirge. Dicht neben uns, links, erheben sich nun wilde Felsstücke aus dem Abgrund, und aus der Tiefe steigt ein gemauerter Pfeiler empor, auf dem die Brücke ruht, welche die Bastei mit dem Felsenschloß verbindet. In der Felsschlucht unter uns ist es ganz dunkel[...] Es sieht aus, als ob die große Felsmasse gesprengt sei, als ob eine mächtige Naturkraft hier versucht habe, unsern stolzen Erdball zu spalten.

Von der Bastei auf dem Weg nach Hohnstein liegt am Rand des Polenztales am Hockstein eine der Wolfsschluchten des Elbsandsteingebirges. Sie soll die Inspiration für die gleichnamige Szene im *Freischütz* gegeben haben, wenngleich dies nicht unbestritten ist. So nimmt auch die Felsenbühne in Rathen, wo die Oper häufig zur Aufführung kommt, für sich in Anspruch, den Ort der natürlichen Kulisse darzustellen. Von Rathen führt ein Weg zum Lilienstein an der großen Flußschleife, auf drei Seiten von der Elbe umflossen. Abseits vom Verkehr bieten sich hier nach steilem Aufstieg aus über 400 Metern Höhe atemberaubend schöne Blicke über den Fluß und die Berge – in zwar mit Treppen und Brücken begehbar gemachter, aber stiller, vom Wind umspielter Felsenwelt. Das Gasthaus auf dem hohen, baumbestandenen Plateau mag Wildnisliebhaber erstaunen, aber wir sind in Mitteleuropa, wo wir uns vor, nach und bei dem Naturbesuch gern gesittet erfrischen.

Rechts der Elbe liegt gegenüber vom Lilienstein die Festung Königstein ebenfalls auf einem Tafelberg über dem Ort gleichen Namens, eine durchaus imposante Anlage. Vor dem Ausbau zur stärksten Festung Kursachsens, von 1589 an, stand hier eine böhmische Burg aus dem 13. Jahrhundert, die, nachdem die böhmische Grenze im Vertrag von Eger 1459 nach Herrnskretschen verlegt worden war, einem Kloster wich. Die als uneinnehmbar geltende Festung Königstein diente bis in dieses Jahrhundert hinein im wesentlichen höfischer Repräsentation und der Verwahrung politischer Gefangener. Zu ihnen gehörte, nachdem er schon auf der Albrechtsburg in Meißen eingesessen hatte, der Erfinder des europäischen Porzellans, Johann Friedrich Böttger – weil August der Starke befürchtete, der schwedische König wolle seinen „Goldmacher" entführen –, und später noch zwei Porzellanmaler aus der Meißner Manufaktur wegen des Verdachts auf Verrat, denen allerdings die Flucht mit Hilfe eines Seils gelang, so daß sie tatsächlich in Berlin eine eigene Porzellanfabrik gründeten. 1790 wurden 34 Beteiligte des sächsischen Bauernaufstands auf die Festung gebracht und bei Wasser und Brot zu Schwerstarbeit verurteilt. August Bebel saß hier ein und Michail Bakunin sowie der Dramatiker Frank Wedekind, der ein Schmähgedicht über Kaiser Wilhelm II. verfaßte und dafür 1899 zu sieben Monaten Festungshaft verurteilt wurde. Im Zweiten

Weltkrieg wurden hier die Sammlungen der Dresdner Kunstmuseen in Sicherheit gebracht – in mehr als 400 Kisten in nächtlichen Aktionen über die Mauern gehievt – und schon im Juli 1945 von der sowjetischen Besatzung wieder der Stadt Dresden übereignet.

Berühmt geworden ist die einzige gelungene Bezwingung des Königsteins in der gesamten Zeit als Festung. Ein arbeitsloser Schornsteinfeger auf Wanderschaft namens Abratzki hoffte Lorbeeren zu ernten, indem er im März 1848 eines Sonntags den Fels und das Gemäuer erklomm. Leider zeigte man für seine Heldentat kein Verständnis, sondern sperrte ihn auf der Festung ein. Als er zwei Wochen später wieder freikam, wurde er in seinen Heimatort Mahlis zurückgeschickt, und auf dem Weg dorthin verdiente er so gut an den Berichten über sein Abenteuer, daß er sich zur Niederschrift entschloß – eine Broschüre, die es in der Festung zu kaufen gibt, enthält seinen Bericht.

Der nahegelegene Pfaffenstein ist einer der beliebtesten Kletterfelsen der Gegend, das Felslabyrinth im Wald hinter Leupoldishain ein verwunschenes Kleinod mit Höhlen, Gängen, die so schmal sind, daß sich Erwachsene kaum hindurchzwängen können, und Bäumen, die sich mit den abenteuerlichsten Wurzeln an den Fels krallen. Auf der anderen Seite der Elbe liegt Bad Schandau vor der steilen Felswand, und hinter dem Städtchen windet sich die Kirnitzsch durch das malerischste Tal auf der sächsischen Seite des Elbsandsteingebirges. Zu Zeiten der Romantiker führte nur ein Flößersteg am Fluß entlang, von dem aus die Flößer eingeklemmte Baumstämme befreien und wieder auf den Weg zur Elbe bringen konnten. Heute führt eine Straße durch das dunkle Tal und die Kirnitzschtalbahn, die überall hält, wo Wege zu markanten Sehenswürdigkeiten abgehen. Den Kuhstall, eine natürliche Felsenburg, deren Name wohl darauf zurückgeht, daß dort während des Dreißigjährigen Krieges die Bauern mit ihrem Vieh Zuflucht suchten, sollte man ebensowenig auslassen wie die Schrammsteine – besonders im Abendlicht zu empfehlen – und den Urwald hinter der Oberen Schleuse von Hinterhermsdorf. Über die tschechische Grenze darf man nicht einfach wandern.

Wer in die Böhmische Schweiz will, muß den Weg über Hřensko wählen. Oder es mit der Aussicht vom Großen Winterberg bewenden lassen, auf den Caspar David Friedrich seinen „Wanderer über dem Nebelmeer" schauen läßt.

Um Bad Schandau, damals noch ohne den Beinamen, spielt eine Erzählung des jungen Theodor Körner: *Die Reise nach Schandau*, deren schwärmerischer Stil hübsch verdeutlicht, auf welche Weise in der Romantik die Landschaft mit Hilfe der Gefühle überhöht wurde. Ein junges Liebespaar im Überschwang der Emotionen vor der Kulisse des Elbsandsteingebirges diesseits und jenseits der Grenze nach Böhmen. Die beiden sollen einander heiraten, ohne sich zu kennen, weil es sich ihre Väter so ausgedacht haben, und reisen aufeinander zu. Da führt sie ein gütiges Schicksal unbekannterweise zusammen, als ideales Paar:

Isidore an Josephinen [von unterwegs]: Ach, wie gut, daß ich noch einige Tage in dieser schönen Natur umherstreifen darf, ehe mein Bräutigam kommt [...] Heute früh verließen wir Töplitz [...] Wir fuhren nach Außig, wo mich der Anblick der Elbe wunderbar überraschte. Von hier ließen wir uns überfahren und gingen dann auf den Schreckenstein zu, eine alte Ruine, die auf steilen Felswänden das ganze Tal beherrscht; du glaubst nicht, welchen Eindruck es auf mich machte, als ich oben im verlassenen Rittersaale saß! Tief unten rauschte die Welle, und mein Blick flog dem Strome nach, der, von hohen Steinwänden umschlossen, so ruhig, so groß dahinflog. Ich mußte weinen. [...]

Lichtenfels an Willmar: Guter Willmar, beneide mich immer um den heutigen Tag, in dieser romantischen Natur so romantisch verlebt. [... Ich] wanderte mit meinem Boten am Ufer der Elbe hinauf nach Schmilka und bestieg den Winterberg. Nichts von seiner himmlischen Aussicht! [...] Ich warf mich in den Schatten der heiligen Buchen nieder, verlor mich bald im Anblick dieser herrlichen Welt, und mochte schon ziemlich lange so gelegen haben, als ich von weitem

Stimmen hörte und weiße Gewänder in der Ferne durch die Bäume schimmern sah. Es war mir unangenehm, so gestört zu werden; ich brach also auf und wanderte mit rüstigen Schritten dem Prebischtore zu. Die fremden Wanderer kamen auf uns zu; wie es schien, waren es Vater, Mutter und Tochter; der Anblick des Mädchens, in deren reizendem Gesicht alles, was ich Schönes und Heiliges kenne, ausgesprochen war, die hohe edle Gestalt, die mit der Einfachheit ihres Anzuges so herrlich kontrastierte, machte mich stutzen; ich grüßte ehrerbietig, und du hättest die Grazie sehen sollen, mit der sie mir dankte. [...] Ich eilte den steilen Berg, der in das schöne pittoreske Tal führt, hinab, und nur mit dem Gedanken an meine schöne Unbekannte beschäftigt, kam ich bald in den nächsten böhmischen Ort an der Elbe, nach Hirnitzschkretscham, wo mir mein Führer ein leichtes Kähnchen verschaffte, das uns vollends nach Schandau schaukeln sollte. Das sanfte Wiegen des Kahns brachte meine gereizte Phantasie wieder in Ruhe; mit freudigem Herzen genoß ich den köstlichen Anblick des romantischen Elbtals, als die scheidende Sonne die Kuppen der Felsen vergoldete. [...] Schon dämmerte die Nacht aus den Tälern und der Mond gab dem Romantischen dieser Stunden die höchste Vollendung. Wie ein leichter Nebel schwebte sie nun vor mir auf den Wellen; ich hörte zuweilen einige leise Töne ihrer melodischen Stimme, ich hörte, wie man sie Isidore nannte, und ein Gefühl ergriff mich, was ich, ich gestehe es gern, noch nie gekannt hatte.

Zwischen Schmilka und Hřensko (Herrnskretschen) liegt die Grenze zur Tschechischen Republik. Bis zur Quelle fließt die Elbe nun durch Böhmen. Jahrhundertelang bildete sie mit der Moldau den Schiffahrtsweg zwischen Prag und den deutschen Städten im Norden eine wichtige Handelsroute und Verkehrsweg für geistige und kulturelle Strömungen, leider aber auch für zahlreiche Kriegsheere. Böhmen war eng mit dem nördlichen Nachbarland verbunden. Doch durch die Ereignisse des 20. Jahrhunderts ist eine Entfremdung eingetreten, die eine neue, echte Annäherung zu einem langwierigen Prozeß machen dürfte. 1930 lebten noch etwa 3,2 Millionen Deutsche in der Tschechoslowakei, fast ein Drittel der gesamten Bevölkerung. Heute sind es nur gut 800 000. Große Teile des nördlichen Böhmens waren bis 1945 überwiegend deutschsprachig, an der Elbe vor allem im unmittelbaren Quellgebiet und von der Grenze bis nach Ústí (Aussig) hinunter. Von dort bis Litoměřice (Leitmeritz) war die Kultur deutsch-tschechisch untermischt und im Niederungsgebiet des Böhmischen Beckens rein tschechisch. Man spricht auch jetzt noch vielerorts Deutsch, und deutsche Reisende werden höflich empfangen bis gern gesehen, aber es gibt deutliche Grenzen. Zu dem Einbruch in den Beziehungen kam es durch die Annexion des Sudetenlandes 1938 und die im Jahr darauf folgende Besetzung der Tschechoslowakei. Über 280 000 Tschechen und Slowaken kamen zwischen 1939 und 1945 um, 180 000 tschechoslowakische Juden wurden in KZs ermordet. Nach dem Krieg wurden die Deutschen radikal vertrieben, und auch dabei kam es zu Mord und Totschlag, dem Massaker von Aussig etwa, bei dem 2700 Deutsche zu Tode kamen, davon Hunderte Frauen und Kinder, die von der Elbbrücke in den Strom gestürzt wurden.

Die Elbe, die von hier an Labe heißt, fließt zwar nur durch den nördlichen Teil Böhmens, führt aber zusammen mit der Vltava (Moldau) und ihren Nebenflüssen den Löwenanteil des Wassers aus den tschechischen Quellflüssen der Nordsee zu. Von dem Durchfluß an der Grenze im Elbsandsteingebirge sind es bis zur Quelle keine 100 Kilometer Luftlinie durch die Sudeten ins Riesengebirge (Krkonoše). Doch der Lauf der Elbe in Tschechien ist noch fast 400 Kilometer lang. Von der Quelle kommt der Fluß in einem weiten Bogen aus dem Gebirge, er verläuft erst in südöstlicher Richtung und dann in einem tiefen Südbogen westlich durchs Böhmische Becken, ehe er schließlich nach Norden schwingt, um durch den Garten Böhmens und das Elbsandsteingebirge der Böhmischen Schweiz in Richtung Sachsen zu fließen.

Die Namen sagen es: dieser Abschnitt der Elbe ist landschaftlich sehr schön. Zu beiden Seiten ragen Berge auf, im Elbsandsteingebirge in unmittelbarer Elbnähe bis zu 551 Meter, im
Böhmischen Mittelgebirge mit seinen vielen fast ebenen Pla-
teaus, aus denen immer wieder markante Kegelberge vulkani-
schen Ursprungs aufsteigen, zum Teil über 800 Meter hoch. Die
Strecke beginnt mit einem engen Tal, linkselbisch die Eisenbahn,
rechts die Straße über dem bewaldeten Ufer, gleich dahinter der
aufragende Fels. Von dem einst idyllischen Hřensko ist derzeit
nicht viel zu sehen, eine orientalische Basarstadt mit westlichen
Markenimitaten und bunten Gartenzwergen aller Größen und
Berufe zieht sich an den Felswänden entlang und verdrängt bis in
den Ortskern hinein alle anderen Eindrücke. Dahinter führen
wie eh und je die Wege hinauf in die Felsenwelt mit dem Prebischtor (Pravčická brána), dem größten Felsentor Europas, von
wo die Aussicht in alle Richtungen über herrliche Wälder geht,
von Felstürmen überragt und von tiefen Bachtälern durchschnitten. Auf der linken Elbseite ist weithin der Děčínsky Sněžnik
(Hohe Schneeberg, 726 m) zu sehen.

Děčín (Tetschen) ist heute eine von Industrie dominierte Stadt
und touristischer Ausgangsort zur Eroberung der linkselbischen
Sehenswürdigkeiten des Sandsteingebirges sowie zur Fahrt auf
den Růžovský (Rosenberg, 619 m) östlich der Elbe, ein Basaltkegel mit wunderbarem Weitblick, bei klarem Wetter bis nach
Dresden. Über dem Fluß thront, wie in alten Zeiten über die mit
Sandsteinplastiken gesäumte „Lange Fahrt" zu erreichen, das
Schloß, imposant gelegen, von einem terrassenförmig angelegten Barockgarten umgeben. Der Blick auf das umliegende Gebirge, ja selbst über die Dächer der 50 000-Einwohner-Stadt ist
schön, doch Häuser wie Felsen sind von der Industrie einge-
schwärzt. Der Braunkohletagebau im Dux-Brüxer Becken ist
nicht fern, und die Elbe ist von der Stadt an auf beiden Seiten von
Eisenbahnstrecken und Straßen gesäumt. So selbstverständlich
scheint hier die Symbiose zwischen neuzeitlich technisierter
Nutzung des Stromes und romantischem Empfinden für die alte
Kulturlandschaft, daß beispielsweise ein tschechischer Reisefüh-

rer aus den sechziger Jahren davon spricht, die Elbe sei, obwohl
sie gar nicht danach aussehe, Ausdruck tschechoslowakischer
Nostalgie, dabei sei sie ein emsiger Strom, der die Räder der
Fabriken antreibe, und in der Region zwischen Děčín und Lito-
měřice (Leitmeritz) finde ein ununterbrochener Kampf zwischen
Schwarz und Grün statt. Das Kapitel über diesen Teil der Elbe
heißt dort ungezwungen: „Land der Bergsteiger, der Chemie und
Weinrebe".

Bis 1932 hing Caspar David Friedrichs „Tetschener Altar" in
dem Schloß der Grafen Thun und Hohenstein über der Stadt. Es
wurde 1809 mit einem Elbkahn von Dresden nach Děčín gebracht, nachdem Graf Thun und seine Frau das Bild bei einem
Besuch in Friedrichs Atelier gekauft und den ebenfalls von ihm
entworfenen Rahmen in Auftrag gegeben hatten. Dort blieb es in
einem Schlafzimmer des Schlosses, bis es in die Dresdner Gemäldegalerie geholt wurde.

Südlich der Stadt führt das schmale Elbtal abermals durch eine
anmutige Sandsteinlandschaft, häufig als böhmische Bastei bezeichnet, die Felsen rücken stellenweise bis auf 200 Meter zusammen, aber die eigentliche Böhmische Schweiz liegt hinter
uns. Nach Ústí nad Labem (Aussig) hin nimmt die Industrie zu,
Fabriken bestimmen den Eindruck im Elbtal, der Fluß ist ganz in
den Dienst der Wirtschaft genommen. Im Stadtgebiet wird die
Uferzone vollends trostlos, Wohnhäuser zwischen den Bahntras-
sen und Riesenwerken der chemischen Industrie, Plattenbauten-
siedlungen auf den Hängen, bedrohlich schwarze Felsen hinter
der angegrauten Kraft- und Staustufe Schreckenstein.

Die eigentlichen Ausflugsziele der Gegend liegen heute nicht
mehr an der Elbe, sondern in Teplice (Teplitz) mit seinen uralten
Thermalquellen und in Duchcov (Dux), dessen Schloß von 1644
an im Besitz der Wallensteins war. Dort verlebte Giacomo Casa-
nova sein Alter, und Friedrich Schiller erforschte im Archiv das
Material für seine Wallenstein-Trilogie.

Die Burg Schreckenstein (Střekov), 1316 gebaut und seit 1658
eine Ruine, die im 19. Jahrhundert teilweise wieder bewohnbar
gemacht wurde, hatte es einst Malern, Dichtern und Musikern

angetan. Wagner konzipierte hier seinen *Tannhäuser*, und Ludwig Richter schuf das wohl bekannteste von zahllosen Gemälden mit dem Motiv der Burg: „Überfahrt am Schreckenstein“. Zu besichtigen ist bis heute der Rittersaal und der hohe Wartturm. 100 Meter hoch über der Elbe auf einem Klingsteinfelsen ist die Lage der Burg auch heute noch eindrucksvoll, doch das Elbtal, vor allem nach Süden zu, hat sich gründlich verändert, denn hinter der 10 Meter hohen Staumauer am Schreckenstein staut sich die Elbe zu einem See, der sich lang durch das nur 800 Meter breite Tal zwischen Steilhängen zieht. Durch den Bau des Staudamms und die Kanalisierung des Flusses kann die Elbe bis zum Moldauzufluß in Melnik von Schiffen bis 1000 Tonnen befahren werden. Am Ufer des Sees herrscht reges Freizeitleben. Überall stehen *chatys*, die tschechische Variante unserer Datschen und Wochenendhäuser, vielfach mit Bootssteg und kleinen Wassergefährten, die Wasserfläche vor den Steilhängen liegt groß und ruhig da.

Durch diese Gegend südlich von Aussig kam Ludwig Richter um 1830 auf einer Wanderung durch das Böhmische Mittelgebirge und nach Teplitz, die er unternahm, weil eine Erkrankung seiner Frau eine geplante Italienreise verhindert hatte und er sich mit einem kurzen Ausflug begnügen mußte. Er, der bis dahin ausschließlich italienische Landschaften gemalt hatte, erfuhr auf dieser Reise eine Wandlung, die für seine weitere Karriere entscheidend war. In seinen Lebenserinnerungen schreibt er:

Ich war überrascht von der Schönheit der Gegenden, und als ich an einem wunderschönen Morgen bei Sebusein über die Elbe fuhr und die Umgebung mich an italienische Gegenden erinnerte, tauchte zum ersten Male der Gedanke in mir auf: Warum willst du in weiter Ferne suchen, was du in deiner Nähe haben kannst? Lerne nur diese Schönheit in ihrer Eigenartigkeit zu erfassen, sie wird gefallen, wie sie dir selbst gefällt. [...]
Bald griff ich zur Mappe und zum Skizzenbuch, und ein Bild nach dem andern stellte sich mir dar und wurde zu Pa-

pier gebracht. Von Sebusein bis Kaaik ist eine Fülle der schönsten und großartigsten Landschaftsbilder ausgeschüttet. Nach Aussig zurückgekehrt, zeichnete ich mehreres am Schreckenstein. Als ich nach Sonnenuntergang noch am Ufer der Elbe stand, dem Treiben der Schiffsleute zusehend, fiel mir besonders der alte Fährmann auf, welcher die Überfahrt zu besorgen hatte. Das Boot, mit Menschen und Tieren beladen, durchschnitt ruhig den Strom, in welchem sich der goldene Abendhimmel spiegelte. So kam unter anderm auch einmal der Kahn herüber, mit Leuten bunt angefüllt, unter denen ein alter Harfner saß, welcher statt des Überfahrtkreuzers etwas auf der Harfe zum Besten gab.

So kam es also zu dem Gemälde „Überfahrt am Schreckenstein" und dazu, daß Ludwig Richter zu dem bekanntesten deutschen Landschaftsmaler der Spätromantik wurde. Er war der Krankheit seiner Frau im nachhinein dankbar, hatte sie doch seine „bis zum Krankhaften gesteigerte Sehnsucht nach Italien" gebrochen.

Von einem anderen Romantiker, dem Dichter und Salonlöwen Ludwig Tieck, gibt es einen Text über eine Reise durch eine vergleichbare Gegend. Er paßt gut hierher, weil er spielerisch einige Prinzipien romantischer Landschaftswahrnehmung offenlegt und weil er die Elbe insofern zum Thema macht, als sie in der erlebten Landschaft fehlt. Umgekehrt wird die real existierende Elbe von nun an flußauf immer seltener Gegenstand literarischer Schilderungen. Je mehr wir uns der Quelle nähern, desto bescheidener nimmt sie sich aus, desto mehr dominieren andere Landschaftsphänomene, und die Elbe, als ein Wasser unter vielen, wird nicht mehr besonders beschrieben. In der Szene aus der Novelle *Eine Sommerreise* von Ludwig Tieck wird noch einmal das Bild des landschaftsbestimmenden Stroms beschworen. Drei Herren, die sich wie damals üblich mit einem Wagen auf einen Berg haben bringen lassen, um von dort ins Tal zu laufen, diskutieren über Landschaft und Schönheit:

Der Wagen fuhr indessen das Tal hinunter, als die Naturbe-
obachter noch oben im dichten Nebel standen und kaum die
nächsten Sträucher am Wege unterscheiden konnten. Wach-
tel sagte: Eigentlich, meine Freunde, ist dies, was wir hier
nicht sehn, und indem wir nichts sehn, der erhabenste
Anblick der Natur. Dies ist ein Bild vom alten uranfängli-
chen Chaos, welches der wundersame Großvater aller Formen und Gestaltungen war. Wir übereilen uns, wenn wir
uns das Nichts als nichts denken wollen: was sich weder
denken noch vorstellen lässt. Nein, so wie wir es hier vor
uns sehen, ist das Nichts beschaffen. Alles, so weit man sieht
und denkt, ein unreifer Brei, eine angehende Milch, ein blö-
der Lehrling für ein Sein. Wie Silhouetten-Gespenster dort
die Bäume und Sträucher, eben nur zu erraten, Finsternis in
diesem bleichen Dunkel, dort ebenso die Wand der Kirche.
Alles nur Rätsel: steht da, wie Aberglauben im Meere der
Unvernunft. Wenden wir nun einmal dieses eingebräute
Gleichnis vor uns auf unsre eigne Köpfe an, so – –
Hier versagte dem Schwatzenden das Wort im Munde, denn
einem Wunder gleich riss sich eine grosse breite Spalte in
dem dichtgewundenen Nebel, und grünes Land, sonnenbe-
glänzter Wald lag unten, gegenüber funkelnde Berge im
wachsenden Lichte. Kaum entdeckt, brachen links und
rechts neue Klüfte in weissem Nebelmeer auf, und wie seli-
ge Inseln zeigten sich von allen Seiten Gebirg und Flur im
spielenden Glanz des flutenden Sonnenscheines [...]
Die Wolken löseten sich in Streifen, die leichter und wolli-
ger zerflossen und sich endlich in den Glanz verloren und
untertauchten. So wurden von unsichtbarer Hand allge-
mach die Vorhänge weggehoben und das ganze Gebirge mit
seinen schönen Formen lag weit ausgebreitet in allen Abstu-
fungen des vollen und gemilderten Lichtes vor den Augen
der entzückten Beschauer.
Diese Landschaft, rief endlich Ferdinand aus, muss eine
der schönsten in Deutschland sein.
Wie oft ich auch eine Reise machte, sagte Walther, so habe

ich doch niemals dieses überraschende Entzücken genossen, welches mich heut ergriffen hat. Wie herrlich wäre es, wenn der Elbstrom durch dieses Tal flösse, denn nur Wasser fehlt dieser lieblichen Natur.

Zweierlei ergibt sich aus diesem Gespräch: der viele Nebel in der Gegend ist schon länger ein Phänomen dieser Gebirgszonen. Mit der Umweltverschmutzung jüngerer Jahre hat er nichts zu tun. Ob das im wasserreichen Riesengebirge ein Trost ist, wo man häufig über aufsteigenden Wolken daher und durch hängende Wolken hindurch läuft, sei dahingestellt, denn ob mit oder ohne Nebel sind durch die Verschmutzung der Luft ganze Waldhänge abgestorben. Und: die Naturszene braucht die Elbe nicht, um schön zu sein.

Doch noch sind wir am Fluß nicht ganz so weit. Dort, wo die Elbe sich durch den Gebirgsstock des Böhmischen Mittelgebirges gegraben hat, an der Porta Bohemica, zu deutsch Lobositzer Elbpforte, ist sie unbestreitbar mächtig, und die Landschaft gewinnt erst durch den Fluß ihre eigentliche Qualität. Wie zur Überhöhung der Pforte ragt westlich und östlich der Stelle je ein hoher Kegelberg auf: im Westen der Milešovka (Milleschauer Donnersberg, 837 m), im Osten der Sedlo (Leviner Sattel, 726 m). Die Weinberge über dem Fluß geben dem Ganzen einen lieblichen Ton. Der Durchbruch hinter dem Elbknick vor dem Berg Lovoš gehört zu dem Schönsten, was die Elbe landschaftlich aufzuweisen hat. Caspar David Friedrich hat sich in dieser Gegend zu seinen böhmischen Landschaften von 1808–10 inspirieren lassen, in denen die Einzelberge als Gottessymbol wunderbar ruhig über der Landschaft stehen. Karl Friedrich Schinkels „Böhmische Gebirgskette in der Abenddämmerung" (1803) ist weniger vergeistigt, zeigt aber ebenso deutlich, wie sehr diese Landschaft damals die Reisenden beeindruckt hat. Unser tschechischer Reiseführer stellt nüchtern fest, von hier an über Litoměřice, Roudnice, Mělník habe Grün gesiegt. Und er hat recht, auch wenn das Elbtal auf der ganzen Strecke mehr oder weniger zum Industrierevier geworden ist und der Fluß selbst

zum Abwasserkanal, der erst seit 1990 langsam, langsam gerei-
nigt wird, so daß die Elbe keineswegs mehr zum romantischen
Herzstück der Landschaft taugt. Schwärmte man vor 150 Jahren
noch: „Die ganze Umgebung ist ebenso reizend und fruchtbar
von Natur als von Menschenhänden mit Sorgfalt verschönert",
so ist das Gleichgewicht jetzt außerordentlich heikel.

Vor dem Berg Lovoš öffnet sich das Mittelgebirge nach Südwe-
sten hin in den Garten Böhmens. Hier bestimmen Obstgärten
mit Erdbeeren, Aprikosen, Pfirsichen, Mandeln, Edelkastanien,
Wein und Hopfen das Bild. Nördlich der Elbe setzen sich die
solitären Kegelberge fort. Jeder mit einer Burg oder einer Kirche
ausgestattet, stehen sie hoch über der Landschaft und sehen aus,
als hätten die Kulissenmaler unserer Theater von dieser Gegend
abgemalt, wenn sie den Eindruck einer ländlich heilen, hübschen
Welt wecken wollten. Irgendwie kennt man den Anblick, wenn
nicht aus dem Theater, dann aus Kinderbüchern. Weites Land,
dann und wann ein Berg mit breiter Basis, der nach oben hin
immer steiler wird, mit einer kleinen Kuppe oder Plattform
obendrauf. An den Hängen ziehen sich Gärten hoch und
Sträßchen, unten liegen die Siedlungen, hier und da ein kleines
Stück Wald, und oben immer ein Gebäude, eine Ruine mit Turm
oder eine Burg, in die man sich hineinträumen kann. Nach Nordosten zu bis an die Ausläufer des Riesengebirges wird dieser
Landstrich das Böhmische Paradies genannt, dessen Herzstück
die bizarre Landschaft des Naturparks Český ráj bei Turnov bildet. Von der Anmut dieser Gegend bezaubert gab Bedřich Smeta-
na, der Gründer des tschechischen Nationalstils in der Musik,
dem vierten Teil seines sinfonischen Zyklus *Má vlast (Mein
Vaterland)* den Titel „Aus Böhmens Hain und Flur".

Böhmen war fast mehr noch als die deutschen Gebiete an der
Elbe Schauplatz aller erdenklichen europäischen Kriege. Ange-
fangen mit den Hussitenkriegen im 15. Jahrhundert über den
Dreißigjährigen Krieg, in dem das Land vollständig rekatholisiert
wurde, über den Siebenjährigen Krieg zwischen Preußen und
Österreich bis hin zu den blutigen Schlachten von 1866 wurden
Städte niedergebrannt und Gegenden verwüstet, und die Bevöl-

kerung mußte sich Mal um Mal mühselig erholen. Auch die Nazizeit und der Zweite Weltkrieg hinterließen schreckliche Spuren, so an der Elbe in Ústí, das noch 1945 von den Amerikanern bombardiert wurde, und in Terezín (Theresienstadt), wo die Nationalsozialisten in der Kleinen Festung ein Gestapo-Gefängnis und in der Festungsstadt ein Konzentrationslager unterhielten, von dem über 180 000 Juden in die Vernichtungslager Auschwitz und Buchenwald verfrachtet wurden. In Terezín gibt es ein sehr gutes Museum, in dem die Nazigreuel dokumentiert sind, und in dem Ort wie in der Kleinen Festung hat man viele der Schauplätze aus der Zeit zu Gedenkstätten gemacht, so daß Terezín ein Ort ist, der sich einem auf die Seele legt. Mit am widerwärtigsten ist ein Film, den man sich im Museum anschauen kann. Er wurde von den Nazis gedreht, um dem Ausland zu zeigen, wie angenehm es sich in der Festung lebe. Als Gegengift gegen den Zynismus, wenn es denn so einfach ginge, eignet sich vielleicht Ivan Klimás Roman *Liebe und Müll* (1991), in dem einige Szenen aus dem Alltag im Lager verarbeitet sind.

Am 1. Oktober 1756 wurde am Berg Lovoš (Lobosch) die erste Schlacht des Siebenjährigen Krieges geschlagen, mit einem vernichtenden Sieg der Österreicher über die Preußen. Als einfacher Soldat marschierte der junge Schweizer Ulrich Bräker in die Schlacht, bekannt für seine Aufzeichnungen über sein Leben mit dem Titel *Der arme Mann im Tockenburg,* die eine Seltenheit darstellen, weil er einer der ganz wenigen Verfasser der Unterschicht aus dem 18. Jahrhundert ist und somit wirklich Geschichte von unten schrieb. Für ihn markierte die Schlacht einen Wendepunkt in seinem Leben, denn er entschloß sich während des Gemetzels zu desertieren. Sein Entsetzen vor dem Soldatenleben beschreibt er schon vor dem Ausbruch des offenen Kampfes:

Auf den Märschen stopfte jeder in seinen Habersack, was er, versteht sich in Feindesland, erhaschen konnte. Mehl, Rüben, Erdbirnen, Hühner, Enten. Wer nichts aufzutreiben vermochte, ward von den übrigen ausgeschimpft, wie denn mir das zum öfteren begegnete. Was das für ein Mordiogeschrei gab, wenn's durch ein Dorf ging, von Weibern, Kindern, Gänsen und Spanferkeln. Da mußte alles mit, was sich tragen ließ. Husch! den Hals umgedreht und eingepackt. Da brach man in alle Ställ' und Gärten ein, prügelte auf alle Bäume los und riß die Äste mit den Früchten ab.

Preußen wie Österreicher holzten damals an den böhmischen Hängen die Weinstöcke ab, um sie als Feuerholz zu benutzen, statt in die wenig weiter entfernten Wälder zu ziehen. Es dauerte Jahrzehnte, bis neuer Wein wuchs. An diesem ersten Tag der Schlacht standen die Rebstöcke noch, wie bei Bräker beschrieben:

Mir war's schon nicht mehr so bange wie anfangs, obgleich die Feldschlangen Mannschaft zu beiden Seiten neben mir wegrafften und der Walplatz mit Toten und Verwundeten übersät war; als mit eins, ungefähr um zwölf Uhr, die Order kam, unser Regiment nebst zwei andern, ich glaube Bevern und Kalkstein, müßten zurückmarschieren. Nun dachten wir, es gehe dem Lager zu, und alle Gefahr sei vorbei. Wir eilten darum mit muntern Schritten die gähen Weinberge hinauf, brachen unsre Hüte voll schöne rote Trauben, aßen vor uns her nach Herzenslust, und mir und denen, welche neben mir stunden, kam nichts Arges in den Sinn, obgleich wir von der Höhe herunter unsre Brüder noch in Feuer und Rauch stehen sahen, ein fürchterlich donnerndes Gelärm hörten und nicht entscheiden konnten, auf welcher Seite der Sieg war.

Als sie auf der anderen Seite des engen Passes in das nächste Gemetzel getrieben werden, ist es soweit. Bräker beschließt, sich hinten in den Weinbergen zu halten, als trödelte er, während sein Regiment gegen die Panduren unten am Fluß anstürmt.

Da ich also noch ein wenig erhöht stund und in die Ebene wie in ein finsteres Donner- und Hagelwetter hineinsah, in diesem Augenblick deucht' es mich Zeit oder vielmehr mahnte mich mein Schutzengel, mich mit der Flucht zu retten. Ich sah mich nach allen Seiten um. Vor mir war alles Feuer, Rauch und Dampf, hinter mir noch viele nachkommende, auf die Feinde loseilende Truppen, zur Rechten zwei Hauptarmeen in voller Schlachtordnung, zur Linken Weinberge, Büsche, Wäldchen, nur hie und da einzelne Menschen, Preußen, Panduren, Husaren, und von diesen mehr Tote und Verwundete als Lebende.

Da, da, auf diese Seite! dacht' ich, sonst ist's lautere Unmöglichkeit!

Er schlich erst langsam, als wäre er verletzt, auf die linke Seite, „verdoppelte, verdrei-, vier-, fünf-, sechsfachte" seine Schritte und rannte gerade nach dem Fluß hinunter, wo er einen Trupp fand, der mit der Fähre übersetzte und ihn mitnahm. So kam er nach Prag und von dort, mit einem Dukaten für den Weg versehen, wieder nach Hause in die Schweiz. Das preußische Heer aber schlug sich in Böhmen noch zweimal mit der österreichischen Streitkraft, in Prag und in Kolín, bevor Friedrich der Große es aus Böhmen abziehen mußte.

Mit Litoměřice (Leitmeritz) über dem rechten Elbufer an der Ohřemündung (Eger) beginnt die lange Reihe der sehenswerten historischen Städte am oberen Elblauf. Der Stadtkern mit seinem Ensemble prächtiger, im spätgotischen und Renaissance-Stil erbauten Häuser ist unter Denkmalschutz gestellt, das Stadtmuseum verfügt über bedeutende geschichtliche Sammlungen. In Leitmeritz lebte und studierte Karel Hynek Mácha, der Hauptvertreter der tschechischen Romantik, der mit 26 Jahren an einer Lungenentzündung starb, die er sich beim Löschen eines Brandes zugezogen hatte. Am bekanntesten ist seine epische Verserzählung *Máj*, der Abschied eines Vatermörders vor seiner Hinrichtung voll wehmütiger Erinnerungen an seine Jugend und sein Heimatland. In Roudnice nad Labem (Raudnitz an der Elbe) ist es das riesige Schloß aus dem Frühbarock mit seiner Gemäldegalerie, das zur Besichtigung lädt. Bald hinter der Stadt liegt links der

Elbe, ein Stück abseits vom Fluß, der Berg Říp, die legendäre Wiege der Tschechen. Ihn soll, berichtet die Sage, während der Völkerwanderung Fürst Čech bestiegen haben, um die Gegend ringsum zu begutachten. Als er sah, daß sie mit Fruchtbarkeit und Schönheit gesegnet war, gebot er seinem Stamm, sich an Ort und Stelle niederzulassen und von dort aus das Land zu besiedeln. Er zeigte seinen Gefolgsleuten, was er vom Gipfel gesehen hatte, und fragte sie, wie sie das Land nennen wollten. Nach dir, soll der Älteste des Stammes gerufen haben, und so war der Name gefunden, mit dem sich das Volk bis heute identifiziert. Der Berg und die St. Georgskapelle auf dem Gipfel sind ein beliebtes Wallfahrtsziel.

Bei Mělník, das inmitten von Weinbergen hoch über dem Wasser liegt, so daß man einen guten Blick hat – bei klarem Wetter bis zu den Türmen von Prag –, vereinigt sich die Vltava, uns besser bekannt als Moldau, mit der Elbe. Von dort ist es unübersehbar: die Moldau wirkt fast mächtiger als die Elbe. Nicht umsonst gibt es viele Prager, die der Meinung sind, der Strom trage in seinem weiteren Verlauf den falschen Namen. Doch das, was wir heute von oben sehen, hat mit den ursprünglichen Flüssen nicht viel zu tun. Die Staustufen elbabwärts lassen den vereinigten Fluß breiter erscheinen, und auch die Oberläufe sind den Bedürfnissen der Schiffahrt angepaßt. So gehen wir im Vertrauen auf die Namensgeber von einst davon aus, daß wir bis hierher der Elbe gefolgt sind, und setzen die Reise elbaufwärts fort. 116 Meter über dem Meer hatte die Elbe an der Grenze in Hřensko erreicht, hier fließt sie auf 155 Meter Höhe, noch 260 Kilometer und gut 1200 Meter Höhenunterschied bis zur Quelle.

Mělník ist berühmt für seinen Burgunderwein, der seit den Zeiten Karls IV. an den Südhängen zur Elbe hin wächst. Er heißt Ludmila-Wein nach der Großmutter des heiligen Wenzel (Václav), die um 900 hier auf der alten Burg lebte und ihren Enkel im damals noch heftig umstrittenen christlichen Glauben erzog. Sie wurde wie er ihres Glaubens wegen ermordet und heiliggesprochen. Ihr Enkel, der Nationalheilige Herzog Wenzel I., ist der Held zahlreicher Wunderlegenden der Gegend, die Krone der tschechischen Herrscher heißt ihm zu Ehren Wenzelskrone, und Alt-Bunzlau, wo er von seinem Bruder Boleslav ermordet wurde, wurde zum berühmten Wallfahrtsort, in den die Pilger auf der mit Kapellen gesäumten Heiligen Straße von Prag in einem Tag wanderten, auch noch lange nachdem Wenzels Leichnam in den Prager St. Veitsdom überführt worden war.

Mělník war vom 13. Jahrhundert an Leibgedingstadt der Königinnen, die sich als Witwen hierhin zurückzogen und nach und nach das Schloß prächtig ausbauten. Seit 1739 ist es, nur durch die Zeit des Sozialismus unterbrochen, im Besitz der Fürsten von Lobkovice, einer Familie, aus der zahlreiche bedeutende Staatsmänner hervorgegangen sind und deren Stammsitz elbaufwärts bei Neratovice liegt. Von dem Weinlokal auf der Schloßterrasse hat man eine Aussicht bis zum Böhmischen Mittelgebirge, bei Sonnenuntergang liegen die Weinberge im goldenen Licht, und die Flüsse schimmern silbern wie eh und je.

Der junge Fluß

Ein bedeutender Fluß muß schon am Anfang imponieren: Früher wurde die Elbe gestaut, um den Elbfall kurz hinter der Quelle zu einem Erlebnis zu machen

Fern dämmert wogender Wälder
beschatteter Saum.
Dann unterbricht
nur hie und da ein Baum
die falbe Fläche hoher Ährenfelder.
Im hellsten Licht
keimt die Kartoffel; dann
ein wenig weiter Gerste, bis der Tann
das Bild begrenzt.
Hoch überm Jungwald glänzt
so goldig-rot ein Kirchturmkreuz herüber,
aus Fichten ragt der Hegerhütte Bau; –
und drüber
wölbt sich der Himmel, blank und blau.

Rainer Maria Rilke, „Mittelböhmische Landschaft"

Bis hinauf nach Jaroměř am Fuß des Riesengebirges, 75 Kilometer vor der Quelle, kommt die Elbe nun durch das Böhmische
Becken und vollzieht auf dem Weg einen weiten Bogen nach
Osten und Süden. Beiderseits des Flusses sieht die Landschaft auf
weiten Strecken noch so aus, wie Rilke sie beschreibt. Dieser Teil
von Böhmen ist uraltes Ackerland, durch das sonnige Klima und
den Wasserreichtum begünstigt, seit der Steinzeit bebaut. Über
die Geschichte des Tals und die Landwirtschaft bis in die Anfänge, die anhand von Ausgrabungsfunden dokumentiert werden,
informiert das historische Museum auf Schloß Kačina bei Kutná
Hora (Kuttenberg). Dort erfahren Sie unter anderem, daß es ein
Bauer und ein Schmied aus dem Elbland waren, die Brüder
Veverka, die den Sturzpflug erfanden, einen Pflug für leichte
Böden, der als der böhmische Pflug in die Geschichte einging. Die
Elbe ist an diesem Abschnitt wie schon zuvor ein Arbeitsfluß,
ebenfalls seit vielen Jahrhunderten. An mehreren Stellen aufge-

staut, damit er bis Pardubice schiffbar bleibt und Kohlen aus Nordböhmen auf dem Wasserweg in die Heizkraftwerke Chvaletice und Opatovice geschafft werden können, mit Seitenkanälen versehen, zu Transportzwecken und zur Wasserversorgung. So wurde schon früh ein Stichkanal nach Kutná Hora gegraben, um große Baumstämme direkt zu den dortigen Silberbergwerken zu bringen, und im 16. Jahrhundert wurde der Opatowitzer Kanal angelegt, um Fischteiche in der Elbniederung mit Flußwasser zu speisen. Die vielen Teiche von Přelouč bis hinter Pardubice sind ein Produkt dieser Zeit. Heute hält sich hartnäckig die Idee von einem Donau/Elbe/Oder-Kanal, der die Elbe in Böhmen als Wasserstraße nutzen soll. Chemie-, Lebensmittel-, Kunststoff- und Maschinenbaufabriken stehen an den Ufern und stellen erst allmählich ihre Abwasserpolitik um.

Die Städte der Region sind alt wie das Kulturland rundum, und manches historische Gebäude, mancher Stadtkern hat die Wechselfälle der kriegreichen Geschichte überstanden. Auch sie sind Arbeitsstädte, in dichtem Abstand aneinandergereiht, um alte Kerne zu Industriestädtchen angewachsen, nur hier und da noch ansehnlich. Bald hinter Mělník an der Doppelstadt Brandýs, Stará Boleslav (Brandeis-Altbunzlau) kreuzt der alte Handelsweg von Prag nach Breslau, der heute bis an die Berge im Norden zur Autobahn ausgebaut ist. Vom Fluß aus sind Ansätze der alten Stadt- und Schloßanlage zu erkennen. Ein Stück weiter mündet breit die Jizera, die Iser, die nur wenige Kilometer westlich der Elbe im Riesengebirge entspringt und fast parallel verläuft. Bei Kolín hat die Elbe ihren südlichsten Punkt erreicht, hier war sie früher zur Gewinnung von Wasserkraft gestaut, mit der zahlreiche Mühlen angetrieben wurden. Kolín ist der Geburtsort des Komponisten František Kmoch, zu dessen Ehren dort jährlich ein internationales Musikfestival stattfindet, um seiner Förderung der tschechischen Blasmusik zu gedenken. Die schönste Stadt der Gegend aber liegt nicht an der Elbe, sondern wenige Kilometer südlich: Kutná Hora (Kuttenberg) war als bedeutender Silberfundort im Mittelalter wichtiger als Prag, und dem denkmalgeschützten Stadtkern mit der gotischen Barbarakirche und vielen gut erhaltenen Häusern ist bis heute der alte Glanz anzusehen. Wieder an der Elbe, in der Gegend um Pardubice, beginnend mit dem Gut Kladubry, werden seit Jahrhunderten europaweit berühmte Arbeits- und Reitpferde gezüchtet. Aus den in den dortigen Wäldern veranstalteten Parforce-Jagden ging das Große Pardubitzer Parforce-Rennen hervor, seit 1918 Steeplechase genannt. Es galt lange als das schwerste Rennen des Kontinents und war bei einigen Pferdefreunden wegen der vielen Stürze verrufen. Heute macht ihm das Motorradrennen am gleichen Ort schwer Konkurrenz.

Nördlich von Pardubice ragt 300 Meter hoch ein Basaltkegel auf, der Kunětická hora (Kunietitzberg). Er zwingt der von Norden kommenden Elbe eine weite Schleife auf, die sie gleichsam wie in einem großen Schwung fortsetzt, bis sie in westlicher Richtung weiterfließt, dem Garten Böhmens entgegen. Auf diesem Berg hielten die Hussiten 1420 ihre erste große Volksversammlung ab und errichteten bald darauf auf dem Gipfel eine Burg, von der aus sie Pardubice und das nördlich liegende Hradec Králové beherrschten. Von der restaurierten Burg hat man einen phantastisch weiten Blick über die Niederung mit dem Fluß, der hier schon deutlich schmaler wird.

Hřadec Králové (Königgrätz) am Zusammenfluß von Orlice (Adler) und Elbe, die Hauptstadt Ostböhmens, ist mit 100 000 Einwohnern die größte Stadt an der Elbe in Tschechien. Am Schnittpunkt der Handelsstraßen von Prag nach Krakau und von der Donau zur Ostsee über Breslau gelegen, war sie schon im 10. Jahrhundert ein zentraler Ort. In der Heilig-Geist-Kathedrale ist der Hussitenführer Jan Žižka bestattet. Nach dem Dreißigjährigen Krieg wurde Königgrätz zur bischöflichen Residenz, deren barocke Bauten in der hübschen Altstadt auf dem Hügel über der Elbe bis heute zu sehen sind. Bevor die Stadt sich zum Standort für Maschinenbau entwickelte, war sie in erster Linie für Instrumentenbau bekannt, Blechinstrumente, Harfen und Klaviere. Von hier stammen die Instrumente, mit denen die Chöre aus den Elbstädten und -dörfern und dem Riesengebirge begleitet wurden. Denn für ihre Musik, vor allem die Lieder, sind das Elbstromland im Vorland des Riesengebirges und das Riesengebirge selbst bekannt, das Vorland für Liebes- und Hochzeitsweisen, das Riesengebirge für seine Weihnachtslieder. Bemerkenswert in unserem Kontext ist allerdings, wie viele Autoren über die Gegend berichten, daß es mit Ausnahme des Riesengebirgslieds kein Volkslied gebe, in dem von der Elbe namentlich die Rede sei.

Bei Königgrätz wurde 1866 die entscheidende Schlacht Preußens gegen Österreich geschlagen. Sie führte zum Ausschluß Österreichs aus dem Deutschen Bund und zur Gründung des Deutschen Reiches. Die Gefallenen, 35 000 auf der österreichischen Seite und 9000 bei dem preußischen Heer, sind auf Soldatenfriedhöfen in der Umgebung bestattet.

Hinter Jaroměř mit der Festung Josephstadt, die heute nur noch ein Stadtteil ist, verlassen wir die Ebene, an einem wiederum kleiner gewordenen Fluß, denn ihm fehlt nun auch das Wasser der aus dem Riesengebirge kommenden Mettau und Aupa, Metuje und Úpa. Dort am Rand des Vorgebirges liegt das Städtchen Hermanice (Hermanitz), wo Albrecht von Wallenstein, berühmt durch seine großen Ländereien in Böhmen und die durch seine Truppen angerichteten Verheerungen im Dreißigjährigen Krieg, 1583 das Licht der Welt erblickte.

Die Landschaft wandelt sich. Am Horizont taucht das Riesengebirge auf. Selbst für die Tschechen sind wir jetzt an der Oberelbe, denn sie sprechen bis zum Rand des Vorgebirges von der Mittelelbe. Auf diesen letzten 75 Kilometern, den ersten des jungen Flusses, überwindet die Elbe rund 1000 Meter Höhenunterschied, von hier bis zur Mündung nur mehr gute 300. Damit gelangen wir endlich an einen Abschnitt des Flusses, wo die Strömung nicht nur leise in den Strudeln gurgelt, sondern saust und reißt und zwischen ruhigen Strecken immer wieder über Steine bergab schießt. Zwei Stauseen gibt es noch auf dem Weg, in denen die Wasser aufgehalten werden, und bis hoch hinauf ist der Flußlauf eingefaßt, um Schäden durch Eisgang und Frühjahrshochwasser zu vermindern. Der Anstieg ins Gebirge beginnt allmählich. Von Kuks bis Vrchlabí kommt uns die Elbe durch die Hügel des Vorlands entgegen, sie hat sich ein tiefes Tal geschnitten, aber sie durchbricht das Gebirge nicht wie weiter unten an ihrem Lauf, ist weniger ein mächtiger Strom als lebendiges Strömen, vor allem linkselbisch von Flüßchen aus dem Gebirge gespeist.

Auch die Städte an der Elbe werden klein. Nur ein Fleck auf der Landkarte ist Kuks (Kukus), bekannt durch den eigentümlichen barocken Schloßkomplex, den Franz Anton Graf von Sporck Ende des 17. Jahrhunderts auf einer Anhöhe über dem linken Flußufer errichtete. Wo heute die zerfallende Pracht beeindruckt, herrschte eine Zeitlang reges Badeleben. Graf von Sporck hatte die Heilquellen von Kuks dazu ausersehen, ebensoviele Kurwillige anzulocken wie Karlsbad oder Teplitz, und ließ die gesamte Infrastruktur aus dem Boden stampfen: Schloß, Kapelle, Hospital, Theater und kunstvolle Plastiken, vor allem geschaffen von dem Tiroler Bildhauer M. B. Braun. Als das große Geschäft auf sich warten ließ, zerfiel der Ort zu einer edlen Ghosttown. Zu bewundern sind noch die zwölf Figuren der Tugenden und Laster vor dem Schloß sowie eine Reihe aus dem gewachsenen Gestein gearbeiteter Heiliger und Büßer und eine Krippenszene in dem nahen Wäldchen Betlem (Bethlehem), die in der Art, wie sie teils übergroß aus der natürlichen Umgebung hervorwachsen, an italienische Parks im Stil von Bomarzo erinnern.

Das nahe Dvůr Králové nad Labem (Königinhof) ist ein Industriestädtchen, nicht weiter sehenswert, aber durch eine Anekdote weithin berühmt. Hier „entdeckte" der Museumsbibliothekar Václav Hanka aus Prag 1818 im Turm der Dekanalkirche 12 Blätter einer Handschrift mit Gedichten und Versfragmenten, die im Alttschechischen des 9./10. Jahrhunderts verfaßt waren – just zu der Zeit, als das tschechische Nationalbewußtsein zu erblühen begann und eine Stärkung durch historische Dokumente gut gebrauchen konnte. Wissenschaftler in ganz Europa beschäftigten sich mit den Liedern, tschechische Komponisten vertonten sie, zahlreiche bibliophile Ausgaben wurden gedruckt. Erst Jahrzehnte später wurden sie als geniale Fälschung entlarvt, und

Václav Hanka ging anders in die Geschichte ein, als er es sich gedacht hatte.

Bis 1945 verlief in Königinhof die deutsch-tschechische Sprachgrenze, nördlich der Stadt wurde Deutsch gesprochen. In Arnau (Hostinné), wo am Marktplatz zwei steinerne Riesen über die Marktgerechtigkeit wachen, fließt die Aupa (Úpa) aus dem Riesengebirge zu und bald dahinter die Kleine Elbe (Malé Labe), die östlich der großen Elbe auf 1200 Meter entspringt und parallel verläuft, ein hübsches Flüßchen, an dem nur noch ganz vereinzelt kleine Siedlungen und Häuser stehen. Wie um der Größe des aus dem Gebirge entspringenden Stromes gerecht zu werden, die erst noch werden muß, taucht der Name Elbe von hier zur Quelle nun immer wieder auf. Auch das letzte richtige Städtchen am Fluß heißt nach ihr. Vrchlabí (Hohenelbe) liegt auf 477 Meter direkt am Tor zum Gebirge. Ihre Bedeutung erlangte die Stadt durch den Eisen- und Silbererzbergbau. Zu Wallensteins Zeiten lag hier die größte Eisenhütte im Riesengebirge, und dieser baute die Stadt in Vorbereitung auf den Dreißigjährigen Krieg zur Waffenschmiede für sein Heer aus. Als der Bergbau im 17. Jahrhundert zu versiegen begann, verlegte man sich wie im ganzen Riesengebirge auf den Leinenhandel und die Tuchweberei und bald auch auf den Fremdenverkehr. In Hohenelbe wurde 1884 die erste Jugendherberge der Welt gegründet und 1903 der erste nationale Skiverband Europas. Aus der dortigen Kutschen- und Schlittenfabrik ging das Škodawerk für Sondermodelle hervor, das heute für Arbeitsplätze sorgt. Das Riesengebirgsmuseum informiert anschaulich über die Natur, die Siedlungs- und Handwerksgeschichte der Region, auch über die Glashütten des westlichen Riesengebirges und die Holzwirtschaft, die seit dem Ende des 16. Jahrhunderts eine wichtige wirtschaftliche Bedeutung gewann. In einem Nebengebäude zeigt der Rübezahlverein wechselnde Ausstellungen.

Hinter der Stadt führt die Straße im Elbtal am rauschenden Gebirgsbach entlang nach Spindlermühle (Špindlerův Mlýn) hinauf, dem größten Urlaubs- und Wintersportort der Gegend,

nur 20 Kilometer von Vrchlabí mitten in den Bergen, so abgeschieden gelegen, daß Franz Kafka dort die Stimmung spürte, die
seinen Roman *Das Schloß* bestimmt.

Das Riesengebirge (Krkonoše) ist, wenn auch von vergleichswei-
se geringer Ausdehnung, ein wildes, unwirtliches, wolkenreiches
Bergland mit Gipfeln von über 1600 Metern, die von Hochmoo-
ren und Wiesen bedeckt über der Waldgrenze stehen. Der Kamm
bildet nicht nur die Wasserscheide zwischen den Flüssen, die
über die Oder der Ostsee zuströmen, und den Flüssen, deren
Wasser über die Elbe in die Nordsee abfließt, sondern auch seit
jeher die politische Grenze zwischen Schlesien und Böhmen. Die
ersten Siedler zogen Ende des 12. Jahrhunderts aus Sachsen und
dem Harz in die bewaldeten, vielfach düsteren Täler, und es
heißt, die Gold- und Erzsucher aus dem Harz hätten den Berg-
geist Rübezahl mitgebracht, der bald grenzüberschreitend im
ganzen Riesengebirge herrschte.
   Schrankenlos wie die Natur und alt wie das Gebirge verkör-
pert Rübezahl das unerklärlich Gute wie Schreckliche, das den
Menschen hier begegnete und ihr Leben bestimmte; das Un-
berechenbare, das in vielen Geschichten allerdings zu einer Art
Rache des Guten gegen das Böse gerät. Erst der Märchen-
schreiber Musäus dichtete dem Geist eine Ablehnung seines
Namens an, indem er die Geschichte von einer Prinzessin
erfand, die Rübezahl überlistete. Von der Schönheit der Prinzessin bezaubert, als sie mit ihren Gespielinnen in einem Fluß-
becken badete – das einige Erzähler nahe der Elbquelle wissen
wollen, das aber von der Beschreibung her bestenfalls bei Kuks
im Vorland liegen kann –, entführte Rübezahl sie in sein Reich
und ließ sich eines Tages seinerseits von ihr dazu verführen, die
Rüben auf einem Feld zu zählen. Sie aber sorgte durch kalkulier-
tes Ziehen einiger Rüben dafür, daß sich der arme verliebte Geist
immer wieder verzählte und bald so abgelenkt war, daß sie flie-
hen konnte. In Wahrheit hat der Name Rübezahl weder etwas
mit Rüben noch mit Zählen zu tun. Die ersten beiden Silben lei-
ten sich aus dem althochdeutschen Wort „hriob" – rauh – ab

und die Endsilbe „zahl" aus dem Wort „Zagel" oder „Zackel" – Schwanz –, so daß die Zusammensetzung eher so etwas heißt wie „Rauhbein".

Rübezahlgeschichten wurden seit dem 16. Jahrhundert immer wieder gesammelt und neu geschrieben, in Form von einzelnen Legenden oder zu Romanen verwoben. Anfang des 20. Jahrhunderts stellte der Schlesier Carl Hauptmann, Bruder des berühmteren Gerhart, eine neue Serie von neun Legenden zusammen, in denen er bewußt versuchte, die Geschichten auch landschaftlich im Riesengebirge zu verwurzeln, anstatt sie wie viele der älteren Verfasser einfach in einer beliebigen wilden Gegend spielen zu lassen, die nur die Ortsnamen mit dem Riesengebirge gemein hat. Sein Rübezahl ist keine feststellbare Urgestalt aus ferner Vergangenheit, sondern mal Berg-, mal Windgeist, ein lebendiges Wechselwesen, das sich menschlichem Verstehen entzieht und das schon in Urzeiten die Riesentochter zum Weib nahm, das Riesengebirge nämlich, das „in seiner gedehnten Erdwucht und ewigen Frühlingsfruchtbarkeit selber die verzauberte Riesentochter ist". In seiner Version bleibt die Assoziationswelt in Bewegung und bietet immer neue Möglichkeiten, den Zauber des Überwirklichen in Geschichten zu fassen, jeweils gebunden an das, was Menschen im wilden Riesengebirge erleben, etwa auf den Elbwiesen, wo Rübezahl mit dem Schneider Siebenhaar Kegel geschoben hat, am Elbbrunnen, der mal so listig mit den Sonnenstrahlen spielt wie Rübezahls Auge, mal eine verzauberte Komtesse ist, die auf der weiten Moorwiese gefangen liegt und weint und weint, daß ihre Tränen ohne Unterlaß zu Tal rinnen.

Die Elbe entspringt in unmittelbarer Nähe der Wasserscheide auf 1383,6 Meter Höhe aus einem Hochmoor auf einem weiten Bergkamm, der nur hier und da von Krüppelkiefergruppen bestanden ist. Selbst im Hochsommer beträgt die Temperatur oft nur wenige Grad über Null, wenn die Winde über das Gebirge pfeifen und die Wolken wie Nebel aus den Tälern steigen und sich auf die Kämme setzen. Naß ist es dann und kalt, und die Krüppelkiefern lauern unheimlich im Halblicht. Kaum zu fassen ist die Helligkeit, wenn man plötzlich auf einem Gipfel über dem

Wolkenmeer steht. Und phantastisch ist die Weite ringsum, wenn der Nebel sich verzieht oder man an einem Tag aufsteigt, an dem die Sonne ungehindert scheint. Einen solchen Tag auf der Kammwiese beschreibt Hauptmann in einer der Legenden:

... oben lag der Frühling. Lagen die freien Hochmoore voll Glanz und Blumen. Ragten die Felsgetürme. Die spitzige Veilchenkoppe war nahe. Der beblühte Hang dehnte sich hinab. In der Morgenferne schwammen die bläulichen Berg-wellen, in Tinten ganz weich. Zogen still der Sonne entge-gen, die als Goldscheibe im Himmel hing. Und ein Rieseln und Flüstern in den Kammgräsern. Eine leise Pfeifmelodie um die Steinblöcke. [...]
Oben ging der Wind wie ein vergessener Maigesang, der sich kaum noch erheben will.
Oben hieß es herrlich hoch über der Welt. [...]
Oben waren die Lüfte rein wie Ätherglast.
Oben war man hoch über den deutschen Ländern. Sah, daß die Welt weit in die Ferne sich dehnte und nie sich greifen läßt.
Oben war die unermeßliche Glocke Sonnenlicht.

Auch Caspar David Friedrich und Ludwig Richter waren, wie ihre Bilder bezeugen, von den Stimmungen auf den Höhen des Riesengebirges bezaubert. Wer heute auf die Suche nach der Elb-quelle geht, hat es schwerer, sich von der Alltagswelt zu befreien. Nicht nur, daß die Quelle selbst mit Naturstein zu einem runden Brunnen ausgebaut ist und auf einem Platz steht, dessen Rand eine Mauer mit den vierundzwanzig Wappen der wichtigsten Elbstädte bis zur Mündung in Cuxhaven ziert, auch die einst romantische Baude am Elbfall einen Kilometer vor der Quelle ist durch ein Gebäude von kaum zu überbietender Häßlichkeit ersetzt worden: einen weithin sichtbaren Betonklotz mit 62 Hotelzimmern direkt an der Steilwand neben dem Wasserfall, mit einer dämmrigen Imbißstube halb im Freien. Da kann man nach dem langen Aufstieg aus Špindlerův Mlýn (Spindlermühle) oder von Horní Mišečky (Schüsselbauden) kaum umhin, enttäuscht zu sein. Es hilft nur, den Weg selbst zu genießen und, vielleicht, sich zu erinnern, daß Elbliebhaber offenbar schon länger in einer gewissen Not waren, den Ort, an dem der große Strom entspringt, mit Bedeutung anzureichern. Den Brunnen hat man vor langer Zeit gemauert, damit man vom jungen Elbwasser zu trinken anbieten konnte. Und damit der Fluß einen sichtbaren Anfang nahm. Im 19. Jahrhundert dachte man sich eine weitere Möglichkeit aus, der Elbe zu Großartigkeit zu verhelfen, indem man das Flüßchen vor dem Elbfall staute und die Schleusen zu geregelten Zeiten öffnete: Dann ergoß sich ein imposanter Wasserfall 50 Meter in die Tiefe, wo die Elbe heute weiß schäumend von Stein zu Stein über den Steilhang purzelt. Hübsch, aber nicht spektakulär und bei weitem übertroffen durch den Wasserfall der kleinen Pančavy, der ganz in der Nähe jäh über den Felsrand stürzt.

Trotzdem lohnen sich beide Aufstiege. Von Špindlerův Mlýn durch den langen Elbgrund am schrumpfenden Fluß entlang, vom Fuß der von einem Gletscher abgehobelten Steilwand seitlich neben dem Wasserfall hinauf auf die Kammhöhe und weiter über eine Moorwiese, in der man nur die Rinne sieht, das Flüßchen unter dem Gras gurgeln hört, bis sich der seltsame Quellplatz öffnet. Oder von Horní Mišečky steil bergan und über den langen kahlen Kamm mit dem weiten Blick über die Berge direkt an die Quelle. Vielleicht setzen Sie sich auf den Rand des symbolischen Quellbrunnens mit dem Rücken zu den Wappen und lauschen. Von überall auf der Wiese gurgelt und plätschert es aus den vielen kleinen Quellen, die hier aus dem Boden aufsteigen und tatsächlich die Elbe bilden. Elf seien es, meinen diejenigen, die den Namen der Elbe auf die Zahl zurückführen. Aus winzigen Rinnsalen vereinigen sie sich zu dem Bach, der talwärts drängt. Und Sie laufen mit bis an den Rand der Steilwand, wenden diesmal der Elbfallbaude den Rücken zu und blicken von oben auf das Mäanderband, das die Elbe weit unten durch den Talgrund zieht, ehe sie in Richtung Špindlerův Mlýn verschwindet, auf den ersten Kilometern ihres langen Weges zur Nordsee.

Ein bißchen Vorstellungskraft, und der Zauber ist wiederherge-
stellt, das Wunder vom Wasser, das seit Jahrtausenden im Gebirge aufsteigt und zum Meer fließt und dem Land Fruchtbarkeit
spendet.

Am Mädelstieg vor Špindlerův Mlýn mündet ein größerer
Nebenfluß in die Elbe, das Weißwasser, auf tschechisch Bilého
Labe genannt, Weiße Elbe, der in alten Büchern stets als einer der
Quellflüsse mit erwähnt wird. Er kommt weißschäumend aus
einem romantischen Bergtal mit Badestellen im Flußgestein.
Und das ist die andere Erklärung, die man gemeinhin für den
Namen der Elbe hört: Schon bei den Römern als Albis bezeich-
net, heiße die Elbe nach ihrer Eigenschaft als weißes Schaumwas-
ser, das jeden Tag neu über die schroffen Steine zu Tal springt.
Leute mit einem Ohr für die verschlungenen Entwicklungen
mythischer Namen mögen hier auch an die Weiße Göttin denken, deren lebenspendende Kraft im Bild des Flusses erscheint.

Jeden Tag neu sprudeln die Wasser der Elbe, doch weiß ist ihre
Farbe nicht. Das Riesengebirge, heute als Nationalpark geschützt,
in dem viel dafür getan wird, die Natur wiederherzustellen und
durch den Fremdenverkehr, von dem die Orte leben, nicht weiter
zerstören zu lassen, gibt der Elbe gleich am Anfang ihres Weges
eine gehörige Last an Erzen, Arsen und Schwermetallen mit. Sie
werden durch Regen und Schneeschmelze von den seit 800 Jahren ausgebeuteten Erzgruben und durch die Erosion des erzhalti-
gen Gesteins in den Fluß geschwemmt, sozusagen als natürliche
Last. Ziel der seit 1990 ins Leben gerufenen nationalen und bi-
nationalen Organisationen zum Schutz und zur Reinhaltung der
Elbe ist es, die zusätzlichen Schadstoffquellen an ihrem Lauf so
zu sanieren, daß nicht nur das Elbwasser zu Trinkwasser aufbe-
reitet werden kann und direkt zur Bewässerung von Feldern
geeignet ist, sondern in etwas ferner Zukunft sogar der Schlick
aus der Elbe wieder landwirtschaftlich nutzbar wird. Im gesamten Einzugsbereich der Elbe sollen neue Schadstoffregelungen,
umfangreiche Warn- und Alarmsysteme, regelmäßige Wasser-
proben und eine Vielzahl von Naturschutzreservaten dafür sor-

gen, daß im Wasser wie an den Ufern eine gesunde Artenvielfalt gedeihen kann. Hunderte von Beschäftigten arbeiten daran, neuzeitliche Ansprüche an den Fluß mit Umweltschutz zu vereinbaren, ein Balanceakt, der beachtliche Erfolge zeigt. Für den Laien sichtbar daran, daß schon jetzt, kaum ein Jahrzehnt nach der Öffnung der Grenzen, Fische gefangen werden, die seit 1947 nicht mehr in der Elbe gesichtet wurden, daß man junge Lachse in den Nebenflüssen aussetzt, weil man ihnen eine Chance ausrechnet, nach ihrer Reise in den Atlantik gesund zu ihren Laichplätzen zurückkehren, und daß so viel mehr Störche und Reiher am Fluß siedeln. Die Fachleute freuen sich an den Zahlen, die zeigen, wie sehr die Belastung zurückgegangen ist, wieviel weniger Dreck in die Nordsee gelangt, und nehmen eine Giftquelle nach der anderen in Angriff.

Entlang der Elbe, die fast schon totgesagt war, regt sich allenthalben Lebendiges, zumindest vorsichtig. Die Wiederbelebung bleibt ein heikles Projekt, denn immerhin hat die Elbe mit ihren Nebenflüssen auf dem Weg vom Riesengebirge zum Meer ein Gebiet von 148 268 Quadratkilometern zu entwässern, mit 25 Millionen Einwohnern, die jede Menge Dreck machen und doch, modern wie sie sind, Wert darauf legen, daß ihr Fluß nicht zur Kloake wird. Und die das Glück haben, daß die Elbe durch die Vernachlässigungen der jüngeren Geschichte zwar immens verschmutzt, aber noch renaturierbar ist. 1998 schrieb ein Autor, Elbe und Rhein stünden zueinander wie der Waldpfad zur Autobahn. Da haben wir nun zu guter Letzt endlich einen Vergleich mit dem größten und meistbesungenen deutschen Fluß. Der Waldpfad ist mir recht.

Literaturverzeichnis und Quellennachweis

Herausgeber und Verlag haben sich bemüht, die zuständigen Lizenzgeber ausfindig zu machen. Dies ist nicht in allen Fällen gelungen. Sofern noch nicht abgegoltene Ansprüche bestehen, werden die entsprechenden Lizenzgeber gebeten, sich mit dem Verlag in Verbindung zu setzen.

S. 17: f.: Gustav Frenssen: *Die drei Getreuen.* Berlin1898. © Ilsebill Gangkofner.

S. 20 ff.: Georg Christoph Lichtenberg: *„Warum hat Deutschland noch kein großes öffentliches Seebad?"* (1793), in: *Schriften und Briefe,* Band 2. Frankfurt/M. 1983.

S. 23 f.: Hans Leip: *Der Widerschein. Eine Rückschau.* Stuttgart 1943. © Erbengemeinschaft Leip.

S. 25 f.: Hans Leip: *Der Nigger auf Scharhörn.* Frankfurt/M.; Berlin; Wien 1982. © Erbengemeinschaft Leip.

S. 30 f.: Rainer Maria Rilke, aus: *„Du meinst die Demut, Angesichter",* *Stundenbuch,* Sämtliche Werke, Band. 1. Frankfurt/M. 1987.

S. 36 f.: Siegfried Lenz: *Die Deutschstunde.* © Hoffmann und Campe Verlag, Hamburg 1968.

S. 38: Heinrich Christian Boie, Luise Mejer: *Ich war wohl klug, daß ich dich fand, Briefe 1777 – 1785.* Hg. von Ilse Schreiber. München 1980.

S. 41 f.: Johann Heinrich Voß: *Briefe an Goeckingk 1775 – 1786.* Hg. von Gerhard Hay. München 1976.

S. 43: Homer: *Ilias / Odyssee.* In der Überarbeitung von Johann Heinrich Voß, München 1957.

S. 44: Johann Heinrich Voß: *Luise. Ein ländliches Gedicht in drei Idyllen.* Königsberg 1795.

S. 45 f.: Johann Heinrich Voß: *„An den Wind". Gedichte,* Band. 1. Hamburg 1785.

S. 48 ff.: Dorothy Wordsworth: *The Continental Journals,* London 1798.

S. 52: Petra Oelker: *Tod am Zollhaus.* Reinbek 1997. *Der Sommer des Kometen.* Ebd. 1998.

S. 52: Regula Venske: *Schief gewickelt.* München 1991.

S. 54: Ernst Barlach: *Seespeck.* Frankfurt/M. 1948. © Ernst und Hans Barlach Lizenzverwaltung Ratzeburg.

S. 56: Richard Linde: *Die Niederelbe.* Berlin 1908.

S. 58: Gorch Fock: *Seefahrt ist not.* Hamburg 1983.
Gorch Fock erzählt von Finkenwerder, von der Elbe und der Nordsee. Hamburg 1986.

S. 58 f.: Rudolf Kinau: *Lanterne: Een bebern Licht ut Nacht und Dok.* © Quickborn-Verlag, Hamburg 1920 und 1984.

S. 59: Harry Rowohlt und Peter Schössow: *Ich, Kater Robinson.* Reinbeck 1997.

S. 60 f.: Hans Henny Jahnn: *Werke in Einzelbänden.* Hg. Ulrich Bitz und Uwe Schweikert. Hamburger Ausgabe. *Fluß ohne Ufer,* Teil 1, *Das Holzschiff.* © Hoffmann und Campe Verlag, Hamburg 1986.

S. 62: Hubert Fichte: *Die Palette.* Frankfurt/M. 1978.

S. 62 f.: Wolfgang Borchert: *„Die Elbe".* In: *Das Gesamtwerk.* © Rowohlt Verlag GmbH, Reinbek 1949.

S. 70: Barbara Bartos-Höppner: *Tanzbaum.* In: *Elbsaga. Ein Fluss erzählt Geschichte.* © Husum Druck- und Verlagsgesellschaft, Husum 1998.

S. 71: Fritz Reuter: *Ut mine Stromtid, Gesammelte Werke und Briefe,* Bd. 5; ders. *Ut mine Festungstid, Gesammelte Werke und Briefe,* Bd. 4. Rostock 1990.

S. 73 f.: Nicolas Born: *Die Fälschung.* © Rowohlt Verlag GmbH, Reinbek 1979.

S. 74 f.: Nicolas Born: *„Ein paar Notizen aus dem Elbholz",* Gedichte 1967 – 1978. © Rowohlt Verlag, Reinbek 1978.

S. 76 f.: Helmut Salzinger: *Der Gärtner im Dschungel.* © Head Farm, Odisheim 1992.

S. 82 f.: Tamara Ramsay: *Wunderbare Fahrten und Abenteuer der kleinen Dott.* © Union Verlag / Middelhauve Verlags GmbH, München 1984.

S. 85: Hermann Dietrichs, Ludolf Parisius: *Bilder aus der Altmark, 2 Bde.* Hamburg 1882 – 83.

S. 86: Theodor Fontane: *Grete Minde.* Berlin 1880.

S. 92 f.: Otto von Guericke: *„Auf den Trümmern der Stadt Magdeburg",* in Otto Winter (Hg.): *Die Elbe, das Ein- und Ausgangstor Deutschlands.* Berlin 1934.

S. 99: Joachim Heinrich Campe: *Robinson der Jüngere, 2 Theile.* Hamburg 1779–80.

S. 103: Johann Wolfgang von Goethe: *Sämtliche Werke. Briefe, Tagebücher und Gespräche, II. Abt., Bd. 2 (29).* Frankfurt/M. 1997.

S. 103: Jean Paul: *Des Luftschiffers Gianozzo Seebuch, Siebente Fahrt.* In: *Komischer Anhang zum Titan, Bd. 2.* Berlin 1801.

S. 105: Oskar Schlemmer: *Briefe und Tagebücher.* Hg. Tut Schlemmer, München 1958. © 1999 Bühnen Archiv und Familiennachlaß Oskar Schlemmer, I – 28824 Oggebbio.

S. 107: Magdalena Droste: *Bauhaus 1919–1933.* Köln 1991.
Winfried Nerdinger: *Der Architekt Walter Gropius; Zeichnungen, Pläne, Fotos, Werkverzeichnis.* Berlin 1985.
Nina Kandinsky: *Kandinsky und ich.* München 1976.
Wassilij Kandinsky: *Russische Zeit und Bauhausjahre 1915–1933.* Berlin 1984.
Paul Klee: *Briefe an die Familie,* Band 2: 1907– 1940. Hg. Felix Klee, Köln 1979.

S. 114 f.: Bernhard Störzner: *„Von den Bomätschern",* in: Otto Winter (Hg.): *Die Elbe, das Ein- und Ausgangstor Deutschlands.* Berlin 1934.

S. 119 f.: Martha Gellhorn: *Das Gesicht des Krieges. Reportagen 1937–1987.* © Albrecht Knaus Verlag, in der Verlagsgruppe Bertelsmann GmbH., München 1989.

S. 122 f.: Hans Graf von Lehndorff: *Menschen, Pferde, weites Land.* © C.H. Beck'sche Verlagsbuchhandlung, München 1980. Die 1. Auflage dieses Werkes erschien im Biederstein Verlag.

S. 124 f.: C.H.W. Münnich: *Der Elbstrom von seinem Ursprunge bis zu seiner Mündung in der Nordsee,* mit Lithographien von C.W. Arldt und R. Bürger, Hg. C.C. Semmler, Dresden o.J.

S. 128 f.: Viktor Klemperer: *Ich will Zeugnis ablegen bis zum letzten. Tagebücher 1933 – 1945.* © Aufbau Verlag GmbH, Berlin 1995.

S. 133: Ludwig Richter: *Lebenserinnerungen eines deutschen Malers. Selbstbiographie nebst Tagebuchniederschriften und Briefen.* Hg. Heinrich Richter, Leipzig 1909.

S. 135: Gerhart Hauptmann: *Die Jungfern vom Bischofsberg (1907), Sämtliche Werke.* Hg. Hans-Egon Hass, Darmstadt, Bd. 2, 1965; *Die Hochzeit auf Buchenhorst (1932),* ebd., Bd. 6, 1963; *Das Abenteuer meiner Jugend (1937),* ebd., Bd. 7, 1962.

S. 136 f.: Karl May: *Satan und Ischariot, Reiseerzählung, Bd. 2.* Bamberg 1983, repr. der Erstausgabe von 1897.

S. 139: Kurt Vonnegut, jr.: *Slaughterhouse 5.* © Kurt Vonnegut 1969, 1988. Mit freundlicher Genehmigung von Delacorte Press / Seymour Lawrence, in der Verlagsgruppe Random House, Inc., New York.

S. 141: *Bekehrung am Elbufer, Altstadtlesebuch.* Verlag Die Scheune, Dresden 1997.

S. 142 f.: Erich Kästner: *Als ich ein kleiner Junge war.* © Atrium Verlag, Zürich 1957.

S. 145: Heinrich von Kleist: *Briefe 1793–1804.* München 1964.

S. 147 f.: Carl Gustav Carus: *„Ein Bild vom Aufbruch des Elbeises bei Dresden",* in: *Briefe über Landschaftsmalerei,* Facsimile nach der 2. Aufl. von 1835. Deutsche Neudrucke, Lambert Schneider, Heidelberg 1972, Dritte Beilage.

S. 149: Helga Schütz: *Jette in Dresden (Mädchenrätsel).* Berlin 1977; *Julia oder Erziehung zum Chorgesang.* Berlin 1980; *Vom Glanz der Elbe.* Berlin 1995.

S. 151 f.: Wolf Biermann: *„Die Elbe bei Dresden".* In: *Alle Lieder.* © Verlag Kiepenheuer & Witsch, Köln 1991.

S. 152 f.: Durs Grünbein: *„An der Elbe"; „Gedicht über Dresden",* in: *Von der üblen Seite. Gedichte 1985–1991.* © Suhrkamp Verlag, Frankfurt / M. 1994.

S. 153 f.: Thomas Rosenlöcher: *„Die Elbe",* in: *Ich sitze in Sachsen und schau in den Schnee.* © Suhrkamp Verlag, Frankfurt / M. 1998.

S. 155 f.: E.T. A. Hoffmann: *Der goldne Topf, Fantasiestücke in Callots Manier VII.* Bamberg 1814.

S. 158: Wilhelm Hauff: *Mitteilungen aus den Memoiren des Satan.* Stuttgart 1827.

S. 161: Petra Oelker: *Nichts als eine Komödiantin.* Weinheim 1993.

S. 162: Karl Immermann: *Reisejournal.* Düsseldorf 1833.

S. 165: Hans Christian Andersen: *„Reise von Leipzig nach Dresden und in die Sächsische Schweiz"*, aus *Reiseschatten,* zitiert nach einer Ausgabe der Kleinen Sächsischen Bibliothek, Hellerau-Verlag, Dresden 1991.

S. 168 f.: Theodor Körner: *Die Reise nach Schandau. Eine Erzählung in Briefen.* 1810, zitiert nach *Sämtliche Werke,* neue illustrierte Ausgabe, Berlin, Verlagsdruckerei Merkur o.J.

S. 173 f.: Ludwig Richter, s.o. Anm. zu S. 133.

S. 175 f.: Ludwig Tieck: *„Landschafts-Vision"*, aus: *Eine Sommerreise. Gesammelte Novellen, 5. Band.* Breslau 1838.

S. 178: Ivan Klimá: *Liebe und Müll.* München 1991.

S. 178 ff.: Ulrich Bräker: *Der arme Mann im Tockenburg.* Deutsche Bibliothek, Berlin o. J.

S. 180: Karel Hynek Mácha: *Máj (1836).* Dt.: *Der Mai,* übersetzt von Eduard Neumann, Karlsbad 1933.

S. 184: Rainer Maria Rilke: *„Mittelböhmische Landschaft" (1896), in: Sämtliche Werke.* Band 1. Frankfurt / M. 1987.

S. 190: Franz Kafka: *Das Schloß.* 1926. New York 1963.

S. 192: Carl Hauptmann: *Rübezahl-Buch.* 2. veränderte Auflage 1988 © Bergstadtverlag Wilhelm Gottlieb Korn, Würzburg.

Informationen über die Elbe im Internet

Städte und Gemeinden entlang der Elbe sind so dicht im Internet vertreten, daß man sich, ohne die Post zu bemühen, fundierte, regelmäßig aktualisierte Informationen beschaffen kann. Dabei ist es kaum noch nötig, sich von einer Suchmaschine helfen zu lassen und eine Vielzahl von Stichworten zu durchforsten. Die Adressen sind leicht zu konstruieren. Es genügt, zuerst jeweils das unerläßliche *http://www.* zu tippen, dahinter den Namen der gewünschten Stadt, gefolgt von *.de* zum Abschluß der Adresse. So erreicht man nicht nur die großen Städte wie Hamburg (*hamburg.de*) oder Dresden (*dresden.de*), sondern auch etliche kleine Orte wie Hitzacker oder Otterndorf, und sogar Buxtehude beweist seine Existenz durch eine informative Homepage. Übersichtliche Inhaltsverzeichnisse, manchmal sogar alphabetische Stichwortverzeichnisse helfen, sich in der jeweiligen website zu den gewünschten Informationen durchzuklicken, in Hamburg etwa zur Wassergütestelle, wo die Arbeitsgemeinschaft für die Reinhaltung der Elbe sich vorstellt und allerlei Datenmaterial über den Zustand des Elbwassers publiziert. Alle Städte informieren über touristische wie kulturelle Angebote. Unter der Anschrift *elbtalaue.de* sind Informationen über den Nationalpark an der mecklenburgischen und niedersächsischen Elbe gesammelt, unter *stadt-dessau.de* finden Sie das Biosphärenreservat Mittlere Elbe und unter *oberelbe.de* Wissenswertes über die Sächsische Schweiz. Schwieriger wird es, was Informationen über Elborte in der Tschechischen Republik betrifft. Da die Adressen sich noch häufig ändern, dürfte der einfachste Einstieg über eine Suchmaschine und die Stichworte *river+labe* führen.

Klett-Cotta
© J. G. Cotta'sche Buchhandlung Nachfolger GmbH, gegr. 1659,
Stuttgart 1999
Alle Rechte vorbehalten
Fotomechanische Wiedergabe nur mit Genehmigung des Verlags
Printed in Germany
Umschlaggestaltung: Finken & Bumiller, Stuttgart
Fotos: © Tony Stone Bilderwelten
Gesetzt aus der 10 Punkt Aldus von:
Reprographia Medienhaus Lahr
Auf säure- und holzfreiem Werkdruckpapier
gedruckt und gebunden von Gutman, Talheim
ISBN 3-608-91900-7

Bildnachweis:

Verkehrs- und Gewerbeverein Glückstadt: S. 29
Ottmar Heinze: S. 12, 47
Werbeagentur Klaus Wecke, Potsdam: S. 7
laenderpress: S. 64
Matthias Koeppel: S. 89
Silvia Hauptmann: S. 111, 159
Kunstmuseum Düsseldorf: S. 138
Friedrich August Tittel (1770–1833), Elbfall mit Baude,
  Regensburg, Museum Ostdeutsche Galerie: S. 183

Literarische Reisebegleiter
Eine neue Reihe bei Klett-Cotta

»Schauplätze der Weltliteratur – Urlauber fahren durch dichte Wälder, vorbei an Burgen und Seen, und ahnen oft gar nicht, daß sich in diesem Wald bereits ein literarisches Liebesdrama abgespielt, oder daß auf der Burg auf der Anhöhe einst ein Dichter sein berühmtestes Werk geschrieben hat.
Da solche Informationen in herkömmlichen Reiseführern oft fehlen, hat Klett-Cotta eine Reihe konzipiert, deren Bände Ausflugtips mit literarischem Lesestoff verknüpfen, und die so zu einer unterhaltsamen Urlaubslektüre werden.«
Buch aktuell

»...eine neue Art von Reiseleiter, der geschickt zwei Formen miteinander verbindet. Zum einen werden Reiseberichte immer beliebter, weil jeder auf der Suche nach dem ultimativen Insidertip ist, und auf der anderen Seite ist die Kulturreise mehr denn je im Kommen: Hier hat man alles kompakt in einem Band.«
Martina Klein/Süddeutsche Zeitung

»Bücher sind Wanderwege, geistige. Manchmal verbinden sich Geographie, Geschichte und Literatur; dann kann man sie sogar ›nachgehen‹. Eine herrliche Chance zum Entdecken...«
Bücherpick

Klett-Cotta

Michael Bienert:
Berlin
Wege durch den Text der Stadt
ca. 200 Seiten, Pappband, zahlreiche Illustrationen, zwei Karten,
Lesebändchen, ISBN 3-608-91967-8

Berlin - das ist nicht nur die gebaute und bewohnte Stadt, das
ist ebenso ein Strom von Texten, die täglich gesprochen,
geschrieben, gedruckt, gelesen, zitiert und erinnert werden.
Dieses Wanderbuch folgt den sichtbaren Spuren des literarischen
Lebens in Berlin; es weist den Weg zu literarischen
Schauplätzen, Literaturhäusern, Dichtermuseen, Gedenktafeln,
Bibliotheken und Druckwerkstätten. Aktuelle Stadtansichten
werden mittels literarischer Texte lesbar, dabei eröffnen sich
überraschend neue Zugänge zur Literaturgeschichte, von den
ältesten Ursprungsmythen Berlins bis hin zur
Gegenwartsliteratur.
Mit dem Buch in der Hand läßt sich die Literaturmetropole
Berlin auf zehn mühelos nachvollziehbaren Spaziergängen
erwandern. Dabei kommen neben klassischen Autoren auch
Schriftsteller der Gegenwart wie Christa Wolf, Oskar Pastior und
Uwe Kolbe zu Wort.

Michael Bienert lebt seit 20 Jahren als Journalist und
Schriftsteller in Berlin und leitet seit 1990 literarische
Stadtspaziergänge für »StattReisen«.

Klett-Cotta

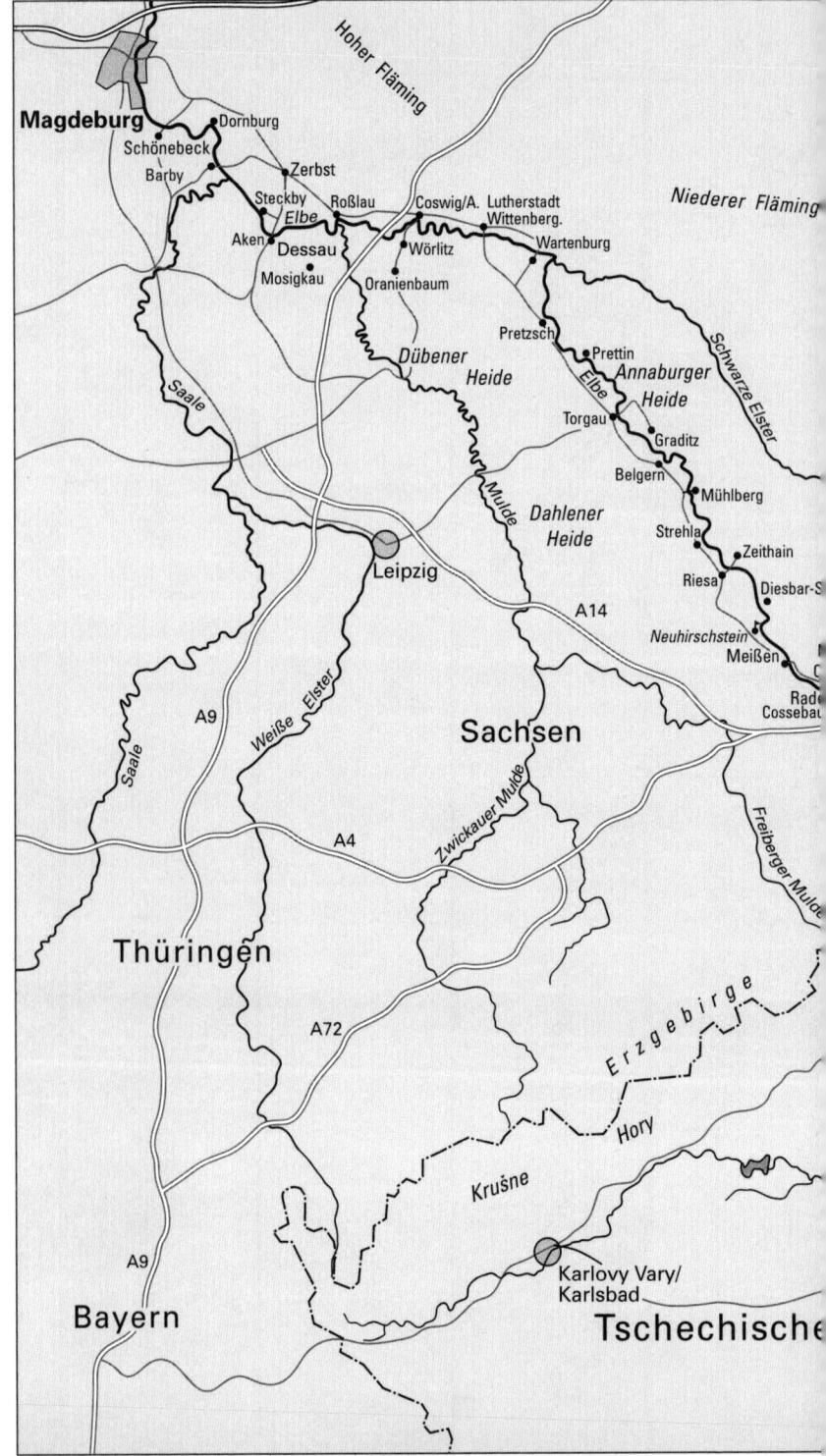